ACTUS
MAI-JUIN 2025

La place Saint-Pierre au Vatican.

Photo : Adobestock.

Le jubilé des enfants

Le jubilé des familles et des enfants a lieu du 30 mai au 1er juin 2025 à Rome (Italie). Le jubilé est une grande fête dans l'Église catholique, qui revient tous les vingt-cinq ans. Durant cette année-là, les chrétiens prient, se confessent et vont en pèlerinage à Rome. D'autres jubilés sont organisés, comme pour les sportifs (14 et 15 juin) ou les prêtres (25 au 27 juin). C'est un moment pour se rapprocher de Dieu et faire le bien autour de soi !

50

La Pentecôte vient d'un mot grec qui signifie « cinquantième », car elle a lieu cinquante jours après Pâques. Ce jour-là, l'Esprit Saint a donné la force aux apôtres pour parler de Jésus au monde entier.

C'est quoi, une vocation ?

Le 11 mai, c'est le dimanche des vocations ! Une vocation est un appel spécial de Dieu pour chacun d'entre nous. Certains sont appelés à devenir prêtres ou religieux, d'autres parents… Dieu donne une mission à chacun pour faire le bien. Le dimanche 11 mai, on prie pour que chacun trouve sa mission.

Illustration :Sophie Leullier.

À LIRE

Je reconnais les saints

Sais-tu dire comment s'appellent les saints représentés en sculpture ou en peinture dans les églises ou dans des musées ?
Ce livre te donne des clés pour les reconnaître facilement.
Plonge-toi vite dedans !

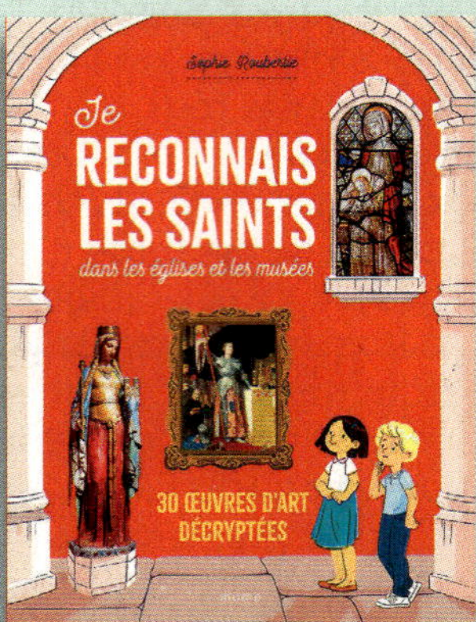

Je reconnais les saints dans les églises et les musées, Sophie Roubertie, Éditions Mame, 96 pages, 2024, 19,90 €.

À LIRE

Pape François en BD

Connais-tu le pape François ?
C'est lui qui est à la tête de l'Église catholique en ce moment.
Avec cette BD, tu vas découvrir son histoire et celle de deux autres papes qui sont devenus des saints grâce à lui : Jean-Paul II et Jean XXIII.

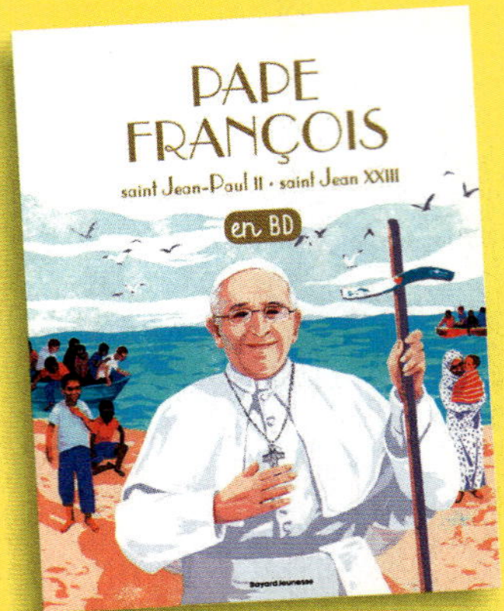

Pape François, saint Jean-Paul II, saint Jean XXIII en BD, Anne-Sophie du Bouëtiez et Monique Scherrer, Bayard Jeunesse, 48 pages, 2025, 11,90 €.

LE SAVAIS-TU ? Le 1er mai, c'est la fête du travail et… de saint Joseph ! Joseph est le père adoptif de Jésus. Ce charpentier est un homme simple et courageux qui travaille avec patience et amour pour nourrir sa famille. Il est le patron des travailleurs. L'Église l'a choisi parce qu'il est un modèle d'efforts et de confiance en Dieu.

Illustration : Adobestock.

À VOUS LA PAROLE !

Merci de fabriquer *Prions en Église Junior* pour nous. Je vous envoie un dessin avec une croix.

Anouk, 10 ans et demi

Chère Anouk,
quel joli dessin ! Dans un paysage bien vert, tu as dessiné une croix, comme un arbre solide. Au cœur de la croix, tu as écrit Jésus dans un cœur rouge vif comme pour nous faire comprendre l'amour immense de Jésus pour nous tous.

Josué, 10 ans

Voici l'église lauréate du concours des églises en Lego lancé dans le numéro de novembre-décembre 2024.

Cher Josué,
un grand bravo à toi pour ta magnifique réalisation.

UN MESSAGE, UNE PRIÈRE, UN DESSIN, UNE PHOTO, C'EST PAR ICI !

Chère rédaction, ...

....

....

....

Pour les photos, n'oublie pas de joindre une autorisation signée de tes parents !

Remplis ce coupon recto verso, mets-le dans une enveloppe timbrée et envoie-le à :
Prions en Église Junior,
15, boulevard Gabriel Péri,
CS 10042 Malakoff Cedex.
Ou à : prionseneglisejunior@groupebayard.com

Les enfants du caté de Vence

Admirez les rouleaux de psaumes réalisés par les vingt-deux enfants âgés de 7 à 11 ans de la paroisse Saint-Véran – Saint-Lambert de Vence (Alpes-Maritimes). Ils ont découvert qu'ils étaient priés depuis très longtemps. Un grand bravo aux enfants, aux cinq animatrices et aux six parents : tous ont beaucoup aimé cette activité. Françoise Lemaire, catéchiste.

Je ne peux pas aller à la messe, car mes parents travaillent. Alors, je prie mais je préférerais aller à la messe. Manon, 9 ans

Chère Manon, *tes parents ne sont pas très disponibles en ce moment pour t'accompagner. Tu as dessiné une jolie crèche. Je suis sûre que ton cœur est un peu comme cette crèche où Jésus habite vraiment.*

MON NOM : ....

MON PRÉNOM : ....

MA DATE DE NAISSANCE : ....

MON ADRESSE : ....

....

N'oublie pas d'indiquer ton adresse complète si tu veux recevoir une réponse.

Comment ressentez-vous la présence de l'Esprit Saint ?

Carmen, 11 ans
et Zoé, 10 ans

Éloi,
7 ans

L'Esprit Saint me parle parfois. Il me dit de ne plus faire ça quand c'est une mauvaise chose. Il m'aide à agir mieux, à arrêter de faire des bêtises, comme mentir, rigoler quand je me fais gronder, ou accuser une personne alors que ce n'est pas vrai.

Juliette,
9 ans et demi

Avec mes frères et sœurs, je m'énerve contre eux alors que je dois réagir plus calmement. L'Esprit Saint m'aide à ne pas m'énerver pour rien.

Agathe,
7 ans

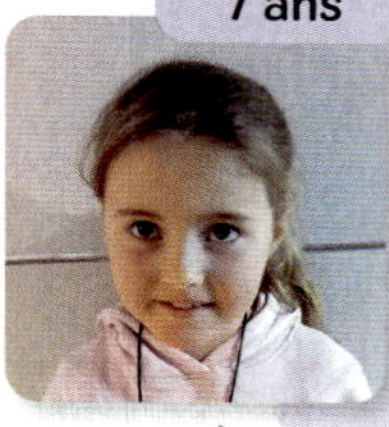

L'Esprit Saint m'aide à me faire confiance, à aider les autres. Il m'aide à faire du sport car c'est une force. Pour moi, l'Esprit Saint est aussi une force pour sortir du mal.

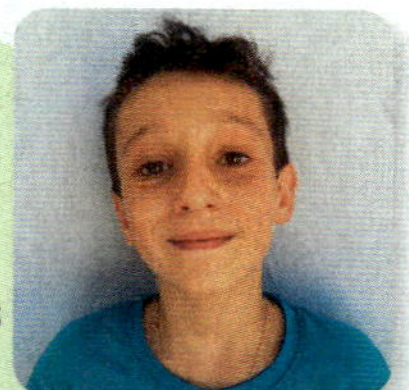

Adam,
10 ans

Je lis la Bible tous les jours, une ou deux pages. Parfois, je sens que l'Esprit Saint veut me parler, car des pages de la Bible sont très inspirantes. C'est ce qui m'a donné envie de devenir servant d'autel.

Gabrielle,
8 ans

L'Esprit Saint m'inspire et me pousse à aider, à faire de bonnes actions ; mais je ne sais pas si on le sent.

Charlie,
8 ans

L'Esprit Saint m'inspire, il me fait aimer les autres. C'est peut-être lui qui me fait annoncer la Bonne Nouvelle de Jésus ?

TU AS DES QUESTIONS, SUR LA PRIÈRE, SUR LA FOI, SUR JÉSUS ? ÉCRIS-NOUS !

Propos recueillis par Anne Quitteric Jozeau et Amandine Boivin. Photos : D.R.

JEU

Paray-le-Monial

La basilique de Paray-le-Monial a été construite au Moyen-Âge. Au 17e siècle, une religieuse, Marguerite-Marie Alacoque, y a reçu des visions du cœur du Christ. Ces visions ont conduit à l'institution de la fête du Sacré-Cœur, qui a lieu cette année le vendredi 27 juin.

Illustration : Claire Le Meil.

MA SEMAINE

Lundi 28 avril

Saint Louis-Marie

Je raconte mes secrets à :

....

....

....

Mardi 29 avril

Sainte Catherine de Sienne

La plus grande qualité de mon maître ou ma maîtresse est :

....

....

Mercredi 30 avril

Saint Pie V

Mon moment préféré en avril, c'était : ....

....

....

Jeudi 1er mai

Saint Joseph

C'est la fête du travail et le début du mois de Marie. Je profite de ce jour férié pour dire un Je vous salue Marie.

Vendredi 2 mai

Saint Athanase d'Alexandrie

Aujourd'hui, il fait :

Samedi 3 mai

Saints Jacques et Philippe

Ce week-end, je vais :

....

....

....

Dimanche 4 mai

Saint Sylvain de Gaza

Aujourd'hui, je lis l'évangile de ce dimanche et je fais l'atelier (pages 14-17).
Jésus nous demande à tous : « M'aimes-tu ? » Je lui réponds :

....

....

Textes : Sophie Pelloux-Prayer

3E DIMANCHE DE PÂQUES

Première lecture

Jésus vient d'être crucifié comme un bandit. Il est dangereux de parler de lui. Pourtant, Pierre ne peut pas s'en empêcher !

Lecture du livre des Actes des Apôtres

Chapitre 5, versets 27b à 32 et 40b à 41

En ces jours-là, les Apôtres comparaissaient devant **le Conseil suprême.** Le grand prêtre les interrogea : « Nous vous avions formellement interdit d'enseigner au nom de celui-là, et voilà que vous remplissez Jérusalem de votre enseignement. Vous voulez donc faire retomber sur nous le sang de cet homme ! » En réponse, Pierre et les Apôtres déclarèrent : « Il faut obéir à Dieu plutôt qu'aux hommes. Le Dieu de nos pères a ressuscité Jésus, que vous aviez exécuté en le suspendant au bois du supplice. C'est lui que Dieu, par sa main droite, a élevé, en faisant de lui le Prince et le Sauveur, pour accorder à Israël **la conversion** et le pardon des péchés. Quant à nous, nous sommes les témoins de tout cela, avec l'Esprit Saint, que Dieu a donné à ceux qui lui obéissent. » Après avoir fait fouetter les Apôtres, ils leur interdirent de parler au nom de Jésus, puis ils les relâchèrent. Quant à eux, quittant le Conseil suprême, ils repartaient tout joyeux d'avoir été jugés dignes de subir des humiliations pour le nom de Jésus.

- **le Conseil suprême :** le Conseil suprême était le groupe des responsables religieux juifs.
- **la conversion :** la conversion est un retournement. Quand une personne se convertit, elle se tourne entièrement vers Dieu.

Psaume 29

Je t'exalte, Seigneur, tu m'as relevé.

***ou :** Alléluia.*

Quand j'ai crié vers toi, Seigneur,
mon Dieu, tu m'as guéri ;
Seigneur, tu m'as fait remonter de l'abîme
et revivre quand je descendais à la fosse.

Fêtez le Seigneur, vous, ses fidèles,
rendez grâce en rappelant son nom très saint.
Sa colère ne dure qu'un instant,
sa bonté, toute la vie.

Avec le soir, viennent les larmes,
mais au matin, les cris de joie !
Tu as changé mon deuil en une danse,
mes habits funèbres en parure de joie !

Que mon cœur ne se taise pas,
qu'il soit en fête pour toi ;
et que sans fin, Seigneur, mon Dieu,
je te rende grâce !

Illustration : Rémi Saillard.

Deuxième lecture

Un jour, tout le monde croira que Jésus est le Seigneur. L'auteur de ce livre parle avec des images pour dire cela en beauté.

Lecture de l'Apocalypse de saint Jean

Chapitre 5, versets 11 à 14

Moi, Jean, j'ai vu :
et j'entendis la voix d'une multitude d'anges
qui entouraient le Trône, les Vivants et les Anciens;
ils étaient des myriades de myriades, par milliers
de milliers. Ils disaient d'une voix forte :
« Il est digne, **l'Agneau immolé,** de recevoir puissance
et richesse, sagesse et force, honneur, gloire et louange. »
Toute créature dans le ciel et sur la terre,
sous la terre et sur la mer, et tous les êtres qui s'y trouvent,
je les entendis proclamer : « À celui qui siège
sur le Trône, et à l'Agneau, la louange et l'honneur,
la gloire et la souveraineté pour les siècles des siècles. »
Et les quatre Vivants disaient : « Amen ! »;
et les Anciens, se jetant devant le Trône, se prosternèrent.

• **l'Agneau immolé :** à l'époque de Jésus, immoler un agneau signifiait le tuer pour l'offrir à Dieu. Ici, l'Agneau désigne Jésus.

Évangile

Jésus est mort, et le voilà vivant ! Mais ses disciples ne le reconnaissent pas tout de suite.

Évangile de Jésus Christ selon saint Jean

Chapitre 21, versets 1 à 19

En ce temps-là, Jésus se manifesta encore aux disciples sur le bord de la mer de Tibériade, et voici comment. Il y avait là, ensemble, Simon-Pierre, avec Thomas, appelé Didyme (c'est-à-dire Jumeau), Nathanaël, de Cana de Galilée, les fils de Zébédée, et deux autres de ses disciples. Simon-Pierre leur dit : « Je m'en vais à la pêche. » Ils lui répondent : « Nous aussi, nous allons avec toi. » Ils partirent et montèrent dans la barque; or, cette nuit-là, ils ne prirent rien. Au lever du jour, Jésus se tenait sur le rivage, mais les disciples ne savaient pas que c'était lui. Jésus leur dit : « Les enfants, auriez-vous quelque chose à manger ? » Ils lui répondirent : « Non. » Il leur dit : « Jetez le filet à droite de la barque, et vous trouverez. » Ils jetèrent donc le filet, et cette fois ils n'arrivaient pas à le tirer, tellement il y avait de poissons. Alors, le disciple que Jésus aimait dit à Pierre : « C'est le Seigneur ! » Quand Simon-Pierre entendit que c'était le Seigneur, il passa un vêtement, car il n'avait rien sur lui, et il se jeta à l'eau. Les autres disciples arrivèrent en barque, traînant le filet plein de poissons; la terre n'était qu'à une centaine de mètres. Une fois descendus à terre, ils aperçoivent, disposé là, un feu de braise avec du poisson posé dessus, et du pain. Jésus leur dit : « Apportez donc de ces poissons que vous venez de prendre. »

Simon-Pierre remonta et tira jusqu'à terre le filet plein de gros poissons : il y en avait cent cinquante-trois. Et, malgré cette quantité, le filet ne s'était pas déchiré. Jésus leur dit alors : « Venez manger. » Aucun des disciples n'osait lui demander : « Qui es-tu ? » Ils savaient que c'était le Seigneur. Jésus s'approche; il prend le pain et le leur donne; et de même pour le poisson. C'était la troisième fois que Jésus ressuscité d'entre les morts se manifestait à ses disciples.
Quand ils eurent mangé, Jésus dit à Simon-Pierre : « Simon, fils de Jean, m'aimes-tu vraiment, plus que ceux-ci ? » Il lui répond : « Oui, Seigneur ! Toi, tu le sais : je t'aime. » Jésus lui dit : « Sois le berger de mes agneaux. » Il lui dit une deuxième fois : « Simon, fils de Jean, m'aimes-tu vraiment ? » Il lui répond : « Oui, Seigneur ! Toi, tu le sais : je t'aime. » Jésus lui dit : « Sois le pasteur de mes brebis. » Il lui dit, pour la troisième fois : « Simon, fils de Jean, m'aimes-tu ? » Pierre fut peiné parce que, la troisième fois, Jésus lui demandait : « M'aimes-tu ? » Il lui répond : « Seigneur, toi, tu sais tout : tu sais bien que je t'aime. » Jésus lui dit : « Sois le berger de mes brebis. Amen, amen, je te le dis : quand tu étais jeune, tu mettais ta ceinture toi-même pour aller là où tu voulais; quand tu seras vieux, tu étendras les mains, et c'est un autre qui te mettra ta ceinture, pour t'emmener là où tu ne voudrais pas aller. » Jésus disait cela pour signifier par quel genre de mort Pierre rendrait gloire à Dieu.
Sur ces mots, il lui dit : « Suis-moi. »

Illustration : Marcelino Truong.

Ton atelier de l'Évangile

1 As-tu bien compris l'histoire ?

Pour le savoir, fais ce quiz en coloriant la lettre de la bonne réponse.

1. Pendant la nuit, les disciples prennent :
   - a) 0 poisson.
   - b) 153 poissons.

2. Au lever du jour, les disciples prennent :
   - c) 0 poisson.
   - d) 153 poissons.

3. Combien de fois Jésus demande-t-il à Pierre : « M'aimes-tu ? » ?
   - e) 2 fois.
   - f) 3 fois.

4. Jésus dit à Pierre :
   - g) « Sois le mouton de mes bergers. »
   - h) « Sois le berger de mes brebis. »

Résultats :

0 bonne réponse : relis le texte !

1 bonne réponse : c'est un bon début !

2 bonnes réponses : c'est bien !

3 bonnes réponses : as-tu déjà pensé à faire des études bibliques ?

4 bonnes réponses : champion biblique !

Réponses : a, d, f, h.

2 Relis la fin de cet évangile : Jésus a allumé un feu et a posé du poisson dessus. Il a donc préparé un barbecue sur la plage !

Dessine la scène.

3 Dans cet évangile, la tristesse des disciples se transforme en joie après avoir entendu Jésus et suivi ses conseils. Quand tu es triste, de quoi as-tu besoin pour retrouver la joie ?

Surligne la phrase qui te convient le mieux. Tu peux en surligner plusieurs et compléter avec une autre idée.

→ Me confier à Jésus.

→ Écouter des chants joyeux.

→ Aller au parc.

→ Voir quelqu'un pour rigoler.
Je note son nom ici : ....

→ ....

---

4 Qu'as-tu envie de répondre à Jésus quand il te dit, comme à Pierre : « Suis-moi » ?

Dessine-toi en face de Jésus et écris ta réponse dans la bulle.

Autrement dit

Après la mort de Jésus, Simon-Pierre part pêcher avec quelques compagnons. Mais ils n'attrapent rien. Au matin, ils écoutent la parole d'un inconnu : « Jetez le filet à droite de la barque, et vous trouverez. » Les disciples pêchent tant de poissons que le filet est près de craquer. L'un des disciples se rend compte qu'il s'agit de Jésus. Seul le Seigneur est capable de faire une telle merveille. Par une simple parole, Jésus ressuscité permet à ceux qui l'écoutent de faire de grandes choses, de transformer une journée qui commence mal en une journée remplie de joie.

Textes : Marie-Pierre Cockenpot, Pauline Samanos. Illustrations : Marcelino Truong, Estelle Chandelier. Photo : Adobestock.

REPORTAGE

Claire a visité l'expo Lego des MEP

Je m'appelle Claire, j'ai 10 ans et je vis à Clamart (Hauts-de-Seine). Avec mon groupe de caté, j'ai visité l'exposition Lego des Missions étrangères de Paris (MEP).

Destinée aux petits et aux grands, l'exposition « Destination Asie, un voyage missionnaire en briques Lego » a lieu jusqu'au 5 juillet 2025, aux Missions étrangères de Paris.

Mosaïque de la Divine Miséricorde, à Madagascar.

ITINÉRAIRE EN 12 PAYS

J'étais contente d'aller voir cette exposition Lego. Mon papa m'en avait parlé avant, en me disant que l'exposition me plairait sûrement, qu'il y aurait beaucoup de Lego et que ce serait énorme. J'ai regardé sur internet et je me suis dit qu'il y avait effectivement beaucoup de choses à voir. Nous avons commencé par une présentation des Missions étrangères de Paris, dans leur chapelle, puis nous avons rejoint le lieu de l'exposition.

14 MAQUETTES MONUMENTALES

Les constructions représentent des lieux de mission chrétienne. J'ai bien aimé les styles différents de toutes les constructions. C'est très créatif, les réalisateurs ont eu des idées inspirantes. Le nombre de pièces utilisées est impressionnant et il y a beaucoup de détails dans les décors et les personnages. J'ai surtout apprécié la construction du site des Missions étrangères à Paris, avec sa tortue, ses poules, ses jardins et la croix de Jésus au fond.

Reconstitution des MEP en briques Lego.

DÉCOUVERTE DE L'ASIE

La guide nous a expliqué ce que voulait dire le mot « mission ». Il s'agit de l'envoi d'une personne missionnaire qui annonce l'Évangile. Ces constructions racontent la vie de ces missionnaires en Asie, dans leur quotidien, avec leur église et les gens de cultures différentes. Je retiens de cette exposition qu'on envoie aujourd'hui des prêtres pour bénir les locaux et donner envie à certains de devenir prêtre.

Photos et propos recueillis par Anne-Quitterie Jozeau.

MA SEMAINE

Lundi 5 mai

Sainte Judith

Je confie
ma semaine
à Dieu,
en disant
un Notre Père.

Mardi 6 mai

Bienheureuse Prudence

☐ Mes frères et sœurs s'appellent :

....

....

☐ Je n'en ai pas.

Mercredi 7 mai

Bienheureuse Gisèle

J'allume une bougie
à l'église pour
les personnes
qui sont seules.

Jeudi 8 mai

Saint Arsène

Aujourd'hui, c'est férié !
Je vais en profiter pour :

....

....

Vendredi 9 mai

Saint Pacôme le Grand

Je lance un défi
à mon ou ma
meilleur(e) ami(e).

Samedi 10 mai

Saint Jean d'Avila

Ce que j'ai préféré cette semaine,
c'est : ....

....

....

Dimanche 11 mai

Sainte Estelle

Aujourd'hui, je lis l'évangile de ce dimanche et je fais l'atelier (pages 25-27).
Jésus dit : « Le Père et moi, nous sommes UN. » Malgré ça, te sens-tu
parfois en insécurité ?..

....

Textes : Sophie Pelloux-Prayer.

4e DIMANCHE DE PÂQUES

Première lecture

Les premiers chrétiens s'adressaient surtout aux Juifs. Mais, très vite, ils ont ouvert leur message à tous les hommes.

Lecture du livre des Actes des Apôtres

Chapitre 13, versets 14 et 43 à 52

En ces jours-là, Paul et Barnabé poursuivirent leur voyage au-delà de Pergé et arrivèrent à **Antioche de Pisidie.** Le jour du sabbat, ils entrèrent à la synagogue et prirent place. Une fois l'assemblée dispersée, beaucoup de Juifs et de convertis qui adorent le Dieu unique les suivirent. Paul et **Barnabé,** parlant avec eux, les encourageaient à rester attachés à la grâce de Dieu. Le sabbat suivant, presque toute la ville se rassembla pour entendre la parole du Seigneur. Quand les Juifs virent les foules, ils s'enflammèrent de jalousie; ils contredisaient les paroles de Paul et l'injuriaient. Paul et Barnabé leur déclarèrent avec assurance : « C'est à vous d'abord qu'il était nécessaire d'adresser la parole de Dieu. Puisque vous la rejetez et que vous-mêmes ne vous jugez pas dignes de la vie éternelle, eh bien ! nous nous tournons vers les nations païennes. C'est le commandement que le Seigneur

- **Antioche de Pisidie :** c'est le nom d'une ville. Elle se trouvait dans l'actuelle Turquie.
- **Barnabé :** Barnabé était un des compagnons de saint Paul. Il l'a accompagné dans plusieurs de ses voyages.

nous a donné : *J'ai fait de toi la lumière des nations pour que, grâce à toi, le salut parvienne jusqu'aux extrémités de la terre.* » En entendant cela, **les païens** étaient dans la joie et rendaient gloire à la parole du Seigneur; tous ceux qui étaient destinés à la vie éternelle devinrent croyants. Ainsi la parole du Seigneur se répandait dans toute la région. Mais les Juifs provoquèrent l'agitation parmi les femmes de qualité adorant Dieu, et parmi les notables de la cité; ils se mirent à poursuivre Paul et Barnabé, et les expulsèrent de leur territoire. Ceux-ci secouèrent contre eux la poussière de leurs pieds et se rendirent à Iconium, tandis que les disciples étaient remplis de joie et d'Esprit Saint.

• **les païens :** à l'époque de Jésus, les païens sont toutes les personnes qui ne sont pas de religion juive.

Psaume 99

Nous sommes son peuple, son troupeau.
ou : *Alléluia.*

Acclamez le Seigneur, terre entière,
servez le Seigneur dans l'allégresse,
venez à lui avec des chants de joie !

Reconnaissez que le Seigneur est Dieu :
il nous a faits, et nous sommes à lui,
nous, son peuple, son troupeau.

Oui, le Seigneur est bon,
éternel est son amour,
sa fidélité demeure d'âge en âge.

Illustration : Aurore Petit.

Deuxième lecture

Voici un texte qui redonne de l'espoir à tous les chrétiens qui sont méprisés, rejetés ou persécutés.

Lecture de l'Apocalypse de saint Jean

Chapitre 7, versets 9 et 14b à 17

Moi, Jean, j'ai vu : et voici une foule immense, que nul ne pouvait dénombrer, une foule de toutes nations, tribus, peuples et langues. Ils se tenaient debout devant le Trône et devant l'Agneau, vêtus de robes blanches, avec des palmes à la main. L'un des Anciens me dit : « Ceux-là viennent de **la grande épreuve;** ils ont lavé leurs robes, ils les ont blanchies par le sang de l'Agneau. C'est pourquoi ils sont devant le trône de Dieu, et le servent, jour et nuit, dans son sanctuaire. Celui qui siège sur le Trône établira sa demeure chez eux. Ils n'auront plus faim, ils n'auront plus soif, ni le soleil ni la chaleur ne les accablera, puisque l'Agneau qui se tient au milieu du Trône sera leur pasteur pour les conduire aux sources des eaux de la vie. Et Dieu essuiera toute larme de leurs yeux. »

• **la grande épreuve :** pendant les premiers siècles, les chrétiens étaient persécutés, torturés et tués. L'auteur de l'Apocalypse appelle cette persécution « la grande épreuve ».

Évangile

Quoi qu'il nous arrive dans la vie, nous pouvons vivre sans crainte. Nous sommes dans la main de Dieu, notre Père.

Évangile de Jésus Christ selon saint Jean

Chapitre 10, versets 27 à 30

En ce temps-là, Jésus déclara :
« Mes brebis écoutent ma voix;
moi, je les connais, et elles me suivent.
Je leur donne la vie éternelle :
jamais elles ne périront, et personne
ne les arrachera de ma main.
Mon Père, qui me les a données,
est plus grand que tout,
et personne ne peut les arracher
de la main du Père.
Le Père et moi, nous sommes UN. »

Illustration : Marcelino Truong.

Ton atelier de l'Évangile

1 Est-tu capable de relire ces phrases même si les lettres sont mélangées ?

Fais le test :

Mes beribs éuotcent ma viox ;
mio, je les conains, et elels me siuvent.
Je luer dnone la vie élertnele :
jaimas elels ne pirérnot,
et ponrsene ne les aracherra de ma mian.

→ ....

....

Réponse : Mes brebis écoutent ma voix ; moi, je les connais, et elles me suivent. Je leur donne la vie éternelle : jamais elles ne périront, et personne ne les arrachera de ma main.

2 Que ressens-tu quand tu apprends que rien ne pourra séparer quelqu'un de l'amour de Dieu ?

Coche la case devant la réponse que tu préfères.

- ☐ C'est rassurant, car cela veut dire que Dieu nous aimera toujours.
- ☐ C'est incroyable, car cela veut dire que Dieu est vraiment fort.
- ☐ C'est sécurisant, car on sait qu'on pourra toujours rester auprès de Dieu.

3 Que donne Jésus à ceux qui le suivent ?

Décode la réponse en barrant un mot sur deux.

Jésus fleur leur berger donne
souvent la pâté vie drôle éternelle.

Réponse : Jésus leur donne la vie éternelle.

---

4 Jésus est comme un berger qui aime très fort ses brebis. Ses brebis, c'est nous.

*Colorie ce dessin.
Imagine-toi en train de prendre soin d'une brebis, de la protéger, de la soigner, de lui donner le biberon, et de la mettre en sécurité dans son enclos.*

Dis-toi que Jésus fait pareil avec chacun de ceux qui l'écoutent et le suivent : *ferme les yeux et profite de cette douce sensation d'être ainsi aimé par Jésus. Dessine ensuite des petites étoiles autour du dessin.*

Autrement dit

Au temps de Jésus, le métier de berger était très répandu. Aussi, quand Jésus dit qu'il est un bon berger et que nous sommes ses brebis bien-aimées, tous ceux qui l'écoutent peuvent comprendre combien nous sommes précieux pour lui ! Si nous écoutons la voix de Jésus notre berger, c'est-à-dire si nous écoutons sa parole, si nous faisons silence pour écouter sa présence au fond de nos cœurs, il veille sur nous. Nous sommes « dans sa main ». Et être dans sa main, c'est être aussi dans la main de Dieu son Père, qui est notre Père.

Textes : Guillemine Tiberghien, Pauline Samanos. Illustrations : Marcelino Truong, Estelle Chandelier. Photo : Adobestock.

J'ai lu une lecture à la messe

- Un dimanche, Théo a lu une lecture à la messe. Ça m'a donné envie. Alors, j'ai demandé à David, le diacre, si je pouvais le faire lors d'une prochaine messe.

- David m'a montré dans mon "Prions en Église Junior" où trouver le texte. Il vient d'un livre qu'on appelle les Actes des Apôtres.

- Pendant la semaine, j'ai lu le texte plusieurs fois. Je me suis entraînée à lire à voix haute et lentement. C'est la parole de Dieu, c'est important que tout le monde l'entende bien !

• Le dimanche suivant, je suis arrivée un peu en avance pour la messe. David m'a accueillie et m'a montré le lectionnaire : c'est le livre dans lequel on lit les lectures. Je me suis entraînée à lire au micro.

• Au début de la messe, je suis allée m'asseoir à côté de Sabine, ma catéchiste. Je n'arrêtais pas de la regarder pour ne pas rater le moment où je devais aller lire. Mon cœur battait fort ! Elle m'a fait un clin d'œil : c'était le moment !

• Je me suis rappelé ce que m'avait dit David : j'ai pris mon temps. Je me suis levée et je me suis inclinée devant l'autel pour saluer Jésus. Je me suis mise derrière l'ambon. J'ai fait attention à ce que le micro soit devant ma bouche. J'ai commencé à lire lentement.

• J'étais très heureuse d'avoir lu. Cela m'a permis de faire plus attention au texte, même si je ne suis pas sûre d'avoir tout compris. En tout cas, on va en reparler à la prochaine séance de caté !

→ Et toi, as-tu déjà lu à la messe ? Y a-t-il un autre service que tu aimes faire ? Écris-nous pour nous raconter !

Texte : Bénédicte Journet. Illustrations : Camouche.

MA SEMAINE

Lundi 12 mai

Saint Achille de Larissa

Ce que je préfère dans mon cartable : ....

....

....

Mardi 13 mai

Notre-Dame de Fatima

Aujourd'hui, c'est Notre-Dame de Fatima. Je demande à un adulte de me raconter son histoire.

Mercredi 14 mai

Saint Matthias

Aujourd'hui, j'essaie de rendre trois services.

Jeudi 15 mai

Sainte Denise

Mon moment préféré de la journée, c'est : ....

....

....

Vendredi 16 mai

Saint Honoré

Je remercie Jésus pour deux choses de ma semaine.

....

....

Samedi 17 mai

Saint Pascal

C'est le week-end !
Pour me reposer, je :

....

....

Dimanche 18 mai

Saint Éric

Aujourd'hui, je lis l'évangile de ce dimanche et je fais l'atelier (pages 34-37).
Jésus nous dit : « Aimez-vous les uns les autres. »
Je note les prénoms de ceux que j'aime : ....

....

5E DIMANCHE DE PÂQUES

Première lecture

Saint Paul voyage beaucoup pour faire connaître l'Évangile. Et puis, il organise l'Église qui grandit.

Lecture du livre des Actes des Apôtres

Chapitre 14, versets 21b à 27

En ces jours-là, Paul et Barnabé retournèrent à Lystres, à Iconium et à Antioche de Pisidie; ils affermissaient le courage des disciples; ils les **exhortaient** à persévérer dans la foi, en disant : « Il nous faut passer par bien des épreuves pour entrer dans le royaume de Dieu. »
Ils désignèrent **des Anciens** pour chacune de leurs Églises et, après avoir prié et jeûné, ils confièrent au Seigneur ces hommes qui avaient mis leur foi en lui.
Ils traversèrent la Pisidie et se rendirent en Pamphylie.
Après avoir annoncé la Parole aux gens de Pergé, ils descendirent au port d'Attalia, et s'embarquèrent pour Antioche de Syrie, d'où ils étaient partis; c'est là qu'ils avaient été remis à la grâce de Dieu pour l'œuvre qu'ils avaient accomplie.
Une fois arrivés, ayant réuni l'Église, ils rapportèrent tout ce que Dieu avait fait avec eux, et comment il avait ouvert aux nations la porte de la foi.

- **exhortaient :** exhorter, c'est encourager, et même supplier quelqu'un.
- **des Anciens :** les Anciens sont des personnes pleines de sagesse et d'autorité. En grec, Ancien se dit *Presbyteros*, qui a donné le mot « prêtre » en français.

Psaume 144

Mon Dieu, mon Roi, je bénirai ton nom toujours et à jamais !
ou : ***Alléluia.***

Le Seigneur est tendresse et pitié,
lent à la colère et plein d'amour;
la bonté du Seigneur est pour tous,
sa tendresse, pour toutes ses œuvres.

Que tes œuvres, Seigneur, te rendent grâce
et que tes fidèles te bénissent !
Ils diront la gloire de ton règne,
ils parleront de tes exploits.

Ils annonceront aux hommes tes exploits,
la gloire et l'éclat de ton règne :
ton règne, un règne éternel,
ton empire, pour les âges des âges.

Illustration : Clotilde Perrin.

Deuxième lecture

Saint Jean annonce un monde tout nouveau où l'amour de Dieu rend tous les hommes heureux.

Lecture de l'Apocalypse de saint Jean

Chapitre 21, versets 1 à 5a

Moi, Jean, j'ai vu un ciel nouveau et une terre nouvelle,
car le premier ciel et la première terre s'en étaient
allés et, de mer, il n'y en a plus. Et la Ville sainte,
la Jérusalem nouvelle, je l'ai vue qui descendait du ciel,
d'auprès de Dieu, prête pour les noces,
comme une épouse parée pour son mari.
Et j'entendis une voix forte qui venait du **Trône**.
Elle disait : « Voici la demeure de Dieu avec les hommes ;
il demeurera avec eux, et ils seront ses peuples,
et lui-même, Dieu avec eux, sera leur Dieu.
Il essuiera toute larme de leurs yeux, et la mort
ne sera plus, et il n'y aura plus ni deuil, ni cri, ni douleur :
ce qui était en premier s'en est allé. »
Alors celui qui siégeait sur le Trône déclara :
« Voici que je fais toutes choses nouvelles. »

• **Trône :** un trône est un siège, une chaise ou un fauteuil sur lequel un souverain est assis.

Évangile

Voici le dernier enseignement que Jésus a donné à ses amis : il s'en va, mais il restera présent au milieu d'eux d'une autre façon si son amour circule entre eux.

Évangile de Jésus Christ selon saint Jean

Chapitre 13, versets 31 à 33a et 34 à 35

Au cours du dernier repas que Jésus prenait
avec ses disciples, quand **Judas** fut sorti du cénacle,
Jésus déclara : « Maintenant **le Fils de l'homme**
est **glorifié,** et Dieu est glorifié en lui.
Si Dieu est glorifié en lui, Dieu aussi le glorifiera;
et il le glorifiera bientôt. Petits enfants,
c'est pour peu de temps encore que je suis avec vous.
Je vous donne un commandement nouveau :
c'est de vous aimer les uns les autres.

- **Judas :** c'est l'un des douze apôtres choisis par Jésus. Il a trahi Jésus en le dénonçant aux chefs religieux juifs.
- **le Fils de l'homme :** Jésus utilise souvent cette expression mystérieuse pour parler de lui.
- **glorifié :** glorifier, cela veut dire célébrer la grandeur, l'importance de quelqu'un.

Comme je vous ai aimés, vous aussi aimez-vous
les uns les autres. À ceci, tous reconnaîtront
que vous êtes mes disciples :
si vous avez de l'amour les uns pour les autres. »

Illustration : Marcelino Truong.

Ton atelier de l'Évangile

1 Dans cet évangile, Jésus donne quelque chose de nouveau, mais quoi ?

Entoure la bonne réponse.

Un conseil

Un débat

Un commandement

Un interdit

Réponse : un commandement.

2 Jésus nous transmet une parole importante. Laquelle ?

Trouve les lettres cachées dans le dessin. Recopie-les dans l'ordre (d'abord la ligne du haut, puis celle du bas) pour découvrir ce verset.

→ _ _ _ _ _ - _ _ _ _ _ _ _ _ _ _ _ _ _ _ _ _ _ _ _ .

Réponse : « Aimez-vous les uns les autres. »

3 **Quelles sont les personnes qui t'aiment ?**
Que font-elles pour te montrer leur amour ?
Que ressens-tu quand on est gentil avec toi ?

Complète le tableau.

Nom de la personne qui t'aime	Ce qu'elle a fait un jour pour toi	Ce que tu as ressenti

4 **Tu peux prendre un petit moment de prière maintenant.**

Lis le nom des personnes dans le tableau ci-dessus. Remercie Jésus pour leur présence dans ta vie. Puis dis à Jésus : « Aide le monde à s'aimer les uns les autres. » Quand tu auras terminé ta démarche, tu pourras colorier ce cœur.

Autrement dit

C'est le dernier repas de Jésus avec ses disciples. Judas l'a dénoncé. Jésus dit qu'il va mourir, mais aussi qu'après sa mort, il va ressusciter. Avant de quitter ses amis, il leur donne un message essentiel : « Comme je vous ai aimés, vous aussi aimez-vous les uns les autres. » Jésus nous montre comment faire. Que fais-tu quand tu te disputes avec tes frères et sœurs ? En général, cela ne dure pas très longtemps, et c'est tant mieux. Quand nous nous disputons, Jésus nous invite à nous pardonner. Son amour est plus fort que tout.

Textes : Guillemine Tiberghien, Pauline Samanos. Illustrations : Marcelino Truong, Estelle Chandelier. Photo : Adobestock.

Jésus en images

Le dernier repas de Jésus

Basilique Saint-Apollinaire-le-Neuf à Ravenne, en Italie.
Mosaïque supérieure du mur de la nef centrale, vers 500.

Voici une des plus anciennes images illustrant la Cène, le dernier repas de Jésus avec ses amis. Il est à gauche. Ce tableau est fabriqué avec des milliers de petits cubes multicolores : c'est une mosaïque.

Jésus et les Apôtres forment un groupe très soudé, comme une équipe.

Fais-tu partie d'une équipe ?

....

....

Pendant ce repas, Jésus offre du pain et du vin à ses Apôtres en disant : « Ceci est mon corps, ceci est mon sang. » Mais l'artiste a représenté sur la table sept pains et deux poissons…

Ce tableau te rappelle-t-il un autre moment de l'Évangile ?

....

....

....

À droite, à l'opposé de Jésus, il y a Judas, l'ami qui va le trahir. Il garde ses mains sous son manteau.

À ton avis, qu'essaie-t-il de cacher ?

....

....

....

Certains Apôtres regardent Jésus annoncer qu'il va être trahi ; ils sont tristes. D'autres jettent un regard méprisant sur Judas.

Si tu avais été là,
à ce moment précis,
qui aurais-tu regardé ?

MA SEMAINE

Lundi 19 mai

Saint Yves

Cette semaine, j'espère que :

....

....

....

Mardi 20 mai

Sainte Lydie

Je demande à Jésus que mon cœur soit en paix.

Mercredi 21 mai

Saint Constantin Ier le Grand

Aujourd'hui, je partage tout !

Jeudi 22 mai

Sainte Rita

Mon humeur du jour est-elle chaleureuse ou glaçante ?

Vendredi 23 mai

Saint Didier

Ce midi, j'ai mangé :

....

....

....

Samedi 24 mai

Saints Donatien et Rogatien

C'est le week-end ! J'en profite pour écrire une carte à mon parrain et à ma marraine.

Dimanche 25 mai

Sainte Madeleine-Sophie Barat

Aujourd'hui, je lis l'évangile de ce dimanche et je fais l'atelier (pages 45-47). Jésus nous dit : « Je vous donne ma paix. » Est-ce qu'il m'arrive de ressentir cette paix ? ....

....

Textes : Sophie Pelloux-Prayer.

6E DIMANCHE DE PÂQUES

Première lecture

**Jésus était juif, les Apôtres aussi.
Alors faut-il devenir juif pour être chrétien?
Voici la réponse des Apôtres aux chrétiens d'Antioche.**

Lecture du livre des Actes des Apôtres

Chapitre 15, versets 1 à 2 et 22 à 29

En ces jours-là, des gens, venus de Judée à Antioche, enseignaient les frères en disant: « Si vous n'acceptez pas **la circoncision** selon la coutume qui vient de Moïse, vous ne pouvez pas être sauvés. » Cela provoqua un affrontement ainsi qu'une vive discussion engagée par Paul et Barnabé contre ces gens-là. Alors on décida que Paul et Barnabé, avec quelques autres frères, monteraient à Jérusalem auprès des Apôtres et des Anciens pour discuter de cette question. Les Apôtres et les Anciens décidèrent avec toute l'Église de choisir parmi eux des hommes qu'ils enverraient à Antioche avec Paul et Barnabé. C'étaient des hommes qui avaient de l'autorité parmi les frères: Jude, appelé aussi Barsabbas, et Silas. Voici ce qu'ils écrivirent de leur main: « Les Apôtres et les Anciens, vos frères, aux frères

• **la circoncision:** c'est une opération au cours de laquelle un bout de peau, à l'extrémité du sexe des petits garçons, est coupé. C'est un rite qui marque l'entrée du nouveau-né dans la communauté juive.

issus des nations, qui résident à Antioche, en Syrie
et en Cilicie, salut ! Attendu que certains des nôtres,
comme nous l'avons appris, sont allés,
sans aucun mandat de notre part, tenir des propos
qui ont jeté chez vous le trouble et le désarroi,
nous avons pris la décision, à l'unanimité,
de choisir des hommes que nous envoyons chez vous,
avec nos frères bien-aimés Barnabé et Paul,
eux qui ont fait don de leur vie pour le nom
de notre Seigneur Jésus Christ. Nous vous envoyons
donc Jude et Silas, qui vous confirmeront de vive voix
ce qui suit : **L'Esprit Saint** et nous-mêmes
avons décidé de ne pas faire peser sur vous
d'autres obligations que celles-ci, qui s'imposent :
vous abstenir des viandes offertes en sacrifice aux idoles,
du sang, **des viandes non saignées** et **des unions illégitimes.** Vous agirez bien, si vous vous gardez
de tout cela. Bon courage ! »

- **L'Esprit Saint :** l'Esprit Saint, c'est le souffle de Dieu, sa présence invisible qui agit en chaque homme, sa force de vie.
- **des viandes non saignées :** les juifs vident les animaux de leur sang avant de les manger.
- **des unions illégitimes :** ce sont des mariages interdits, comme les mariages entre gens d'une même famille, ou avec plusieurs femmes.

Psaume 66

Que les peuples, Dieu, te rendent grâce; qu'ils te rendent grâce tous ensemble!
ou : Alléluia.

Que Dieu nous prenne en grâce et nous bénisse,
que son visage s'illumine pour nous;
et ton chemin sera connu sur la terre,
ton salut, parmi toutes les nations.

Que les nations chantent leur joie,
car tu gouvernes le monde avec justice;
tu gouvernes les peuples avec droiture,
sur la terre, tu conduis les nations.

La terre a donné son fruit;
Dieu, notre Dieu, nous bénit.
Que Dieu nous bénisse,
et que la terre tout entière l'adore!

Illustration : Séverine Cordier.

Deuxième lecture

Tout le monde est invité à entrer dans le royaume de Dieu. Jean le voit comme une ville magnifique, une nouvelle Jérusalem.

Lecture de l'Apocalypse de saint Jean

Chapitre 21, versets 10 à 14 et 22 à 23

Moi, Jean, j'ai vu un ange. En esprit, il m'emporta sur une grande et haute montagne; il me montra la Ville sainte, Jérusalem, qui descendait du ciel, d'auprès de Dieu : elle avait en elle la gloire de Dieu; son éclat était celui d'une pierre très précieuse, comme **le jaspe** cristallin. Elle avait une grande et haute muraille, avec douze portes et, sur ces portes, douze anges; des noms y étaient inscrits : ceux des douze tribus des fils d'Israël. Il y avait trois portes à l'orient, trois au nord, trois au midi, et trois à l'occident. La muraille de la ville reposait sur douze fondations portant les douze noms des douze Apôtres de l'Agneau. Dans la ville, je n'ai pas vu de **sanctuaire,** car son sanctuaire, c'est le Seigneur Dieu, Souverain de l'univers, et l'Agneau. La ville n'a pas besoin du soleil ni de la lune pour l'éclairer, car la gloire de Dieu l'illumine : son luminaire, c'est l'Agneau.

- **le jaspe :** le jaspe est une pierre qui se caractérise par ses motifs (mouchetés, zébrures…) et ses couleurs opaques uniques, allant du bleu au vert en passant par le jaune, le brun, le rouge ou le noir.
- **sanctuaire :** le sanctuaire est le temple de Jérusalem, la maison de Dieu.

Évangile

Jésus a promis de donner son Esprit à ses disciples. Nous voici avec lui d'une nouvelle façon, mystérieuse mais tellement belle !

Évangile de Jésus Christ selon saint Jean

Chapitre 14, versets 23 à 29

En ce temps-là, Jésus disait à ses disciples : « Si quelqu'un m'aime, il gardera ma parole; mon Père l'aimera, nous viendrons vers lui et, chez lui, nous nous ferons une demeure. Celui qui ne m'aime pas ne garde pas mes paroles. Or, la parole que vous entendez n'est pas de moi : elle est du Père, qui m'a envoyé. Je vous parle ainsi, tant que je demeure avec vous; mais le Défenseur, l'Esprit Saint que le Père enverra en mon nom, lui, vous enseignera tout, et il vous fera souvenir de tout ce que je vous ai dit.
Je vous laisse la paix, je vous donne ma paix; ce n'est pas à la manière du monde que je vous la donne. Que votre cœur ne soit pas bouleversé ni effrayé.
Vous avez entendu ce que je vous ai dit : Je m'en vais, et je reviens vers vous. Si vous m'aimiez, vous seriez dans la joie puisque je pars vers le Père, car le Père est plus grand que moi.
Je vous ai dit ces choses maintenant, avant qu'elles n'arrivent; ainsi, lorsqu'elles arriveront, vous croirez. »

Illustration : Marcelino Truong.

Ton atelier de l'Évangile

1 **Qu'est-ce que dit Jésus dans cet évangile ?**

Entoure les trois affirmations qui sont vraies et barre celle qui est fausse.

- L'Esprit Saint sera une grande aide pour se souvenir des paroles de Jésus.
- Si quelqu'un aime Jésus, il se souviendra de sa Parole.
- Jésus part et il n'a rien prévu pour être remplacé.
- Jésus nous donne sa paix.

Réponse : la phrase qui doit être barrée est « Jésus part et il n'a rien prévu pour être remplacé ».

2 **« Si quelqu'un m'aime, il gardera ma Parole ; mon Père l'aimera, nous viendrons vers lui et, chez lui, nous nous ferons une demeure. » Une demeure, c'est une maison.**

Dessine une belle maison et dessine-toi avec Jésus dedans.

3 Jésus annonce que quelqu'un viendra nous aider dans notre vie de chrétien. Mais qui est-ce ?

Pour le savoir, suis le chemin, arrête-toi aux ronds colorés et, au fur et à mesure, note sur la ligne du bas la lettre qui correspond.

' A C D E F I J K L N O P Q R S T

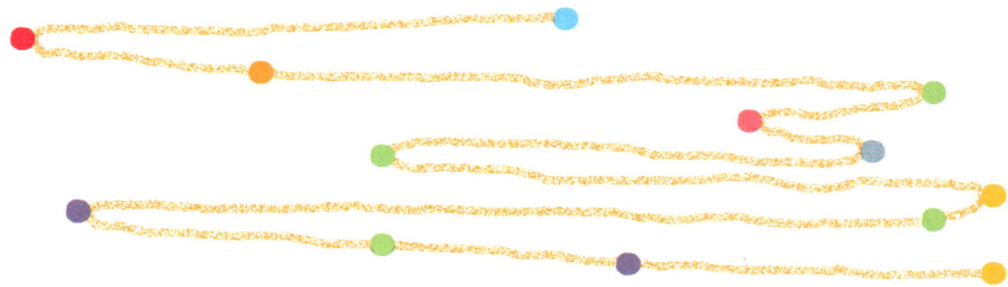

→ ....

Réponse : l'Esprit Saint.

4 Jésus nous laisse sa paix.

Colorie le dessin qui représente le plus la paix pour toi. Quand tout s'agite autour de toi, quand tu es en colère, quand tu es révolté ou inquiet, redis cette parole de Jésus, comme si Jésus te la murmurait.

Autrement dit

Quand on aime très fort une personne, on écoute ses paroles avec attention. Elle a une grande place dans notre cœur, c'est comme si elle habitait en nous. Jésus aussi nous aime très fort. Il nous donne son amour. Il désire faire sa demeure en nous. Et pour l'accueillir, il nous invite à garder sa Parole. Quand Jésus habite en nous, nous recevons aussi l'amour de son Père et de l'Esprit Saint. C'est tout l'amour de Dieu qui est en nous.

Textes : Patricia Metzger, Pauline Samanos. Illustrations : Marcelino Truong, Estelle Chandelier. Photo : Adobestock.

Les prières de la messe

Hosanna, un cri de joie

Avant de commencer la grande prière eucharistique qui prépare la communion, nous chantons à pleine voix :

Saint ! Saint ! Saint,
le Seigneur, Dieu de l'univers !
Le ciel et la terre
sont remplis de ta gloire.
Hosanna au plus haut des cieux.
Béni soit celui qui vient
au nom du Seigneur.
Hosanna au plus haut des cieux.

UNE PRIÈRE TRÈS ANCIENNE

« Saint ! Saint ! Saint, le Seigneur, Dieu de l'univers ! », ce sont les mots des anges qui acclament Dieu dans le livre du prophète Isaïe (dans l'Ancien Testament). « Hosanna au plus haut des cieux », c'est le cri de joie des habitants de Jérusalem qui accueillent Jésus le jour des Rameaux (dans le Nouveau Testament). « Hosanna », cela veut dire « joie » en hébreu.

LE CIEL ET LA TERRE…

Cette prière parle du ciel et de la terre. Le ciel, ce sont les anges et les hommes qui ont vécu avant nous et qui sont morts. La terre, c'est nous tous qui vivons ici et maintenant. Cette prière dit que nous célébrons la messe tous ensemble, les vivants et les morts.

…SONT REMPLIS DE TA GLOIRE

En chantant cette prière, nous rendons grâce à Dieu d'avoir envoyé son fils. Jésus est venu vivre parmi nous pour nous sauver. Nous croyons que, avec Jésus, nous serons vivants auprès de Dieu, pour toujours, « au plus haut des cieux ». C'est le moment de chanter à pleins poumons !

Regarde le ciel et repense à cette phrase, dans ton cœur : « Le ciel et la terre sont remplis de ta gloire. Hosanna ! »

Texte : Patricia Metzger. Illustrations : Sandrine Martin.

MA SEMAINE

Lundi 26 mai

Saint Philippe Néri

Aujourd'hui, j'essaie de faire un compliment à quelqu'un !

Mardi 27 mai

Saint Augustin de Cantorbéry

Les mots qui me mettent de bonne humeur : ....

....

....

Mercredi 28 mai

Saint Germain

J'arrose une plante et j'admire la nature.

Jeudi 29 mai

Ascension du Seigneur

Jésus est monté au ciel, mais il est toujours avec moi. J'allume une bougie : moi aussi je veux être avec lui.

Vendredi 30 mai

Sainte Jeanne d'Arc

Mon dessin animé préféré est : ....

....

....

Samedi 31 mai

Visitation de la Vierge Marie

Aujourd'hui, Marie rend visite à sa cousine, Élisabeth. Ai-je des cousins ? Si oui, j'écris leurs prénoms : ....

....

Dimanche 1er juin

Saint Justin

Aujourd'hui, je lis l'évangile de ce dimanche et je fais l'atelier (pages 55-57). Jésus prie pour que nous soyons unis. Moi, je prie pour :

....

....

Textes : Sophie Delloye-Drayer

ASCENSION DU SEIGNEUR

Première lecture

Saint Luc avait fait le récit de l'ascension de Jésus à la fin de son évangile. Il le raconte aussi au début des Actes des Apôtres.

Commencement du livre des Actes des Apôtres

Chapitre 1, versets 1 à 11

Cher **Théophile,** dans mon premier livre,
j'ai parlé de tout ce que Jésus a fait et enseigné
depuis le moment où il commença, jusqu'au jour
où il fut enlevé au ciel, après avoir, par l'Esprit Saint,
donné ses instructions aux Apôtres qu'il avait choisis.
C'est à eux qu'il s'est présenté vivant après **sa Passion;**
il leur en a donné bien des preuves, puisque, pendant
quarante jours, il leur est apparu et leur a parlé
du royaume de Dieu.
Au cours d'un repas qu'il prenait avec eux, il leur donna
l'ordre de ne pas quitter Jérusalem, mais d'y attendre
que s'accomplisse la promesse du Père. Il déclara :
« Cette promesse, vous l'avez entendue de ma bouche :
alors que Jean a baptisé avec l'eau, vous,
c'est dans l'Esprit Saint que vous serez baptisés
d'ici peu de jours. »

• **Théophile :** on ne sait pas qui est ce mystérieux personnage dont le nom signifie « celui qui aime Dieu ».

• **sa Passion :** la passion de Jésus Christ, ce sont les souffrances que Jésus a subies jusqu'à sa mort sur la croix.

Ainsi réunis, les Apôtres l'interrogeaient :
« Seigneur, est-ce maintenant le temps où tu vas rétablir le royaume pour Israël ? » Jésus leur répondit :
« Il ne vous appartient pas de connaître les temps et les moments que le Père a fixés de sa propre autorité. Mais vous allez recevoir une force quand le Saint-Esprit viendra sur vous ; vous serez alors **mes témoins** à Jérusalem, dans toute la Judée et la Samarie, et jusqu'aux extrémités de la terre. » Après ces paroles, tandis que les Apôtres le regardaient, il s'éleva, et **une nuée** vint le soustraire à leurs yeux. Et comme ils fixaient encore le ciel où Jésus s'en allait, voici que, devant eux, se tenaient deux hommes en vêtements blancs, qui leur dirent : « Galiléens, pourquoi restez-vous là à regarder vers le ciel ? Ce Jésus qui a été enlevé au ciel d'auprès de vous, viendra de la même manière que vous l'avez vu s'en aller vers le ciel. »

- **mes témoins :** un témoin est une personne qui a vu ou entendu quelque chose et peut donc en certifier l'existence.
- **une nuée :** une nuée est un nuage mystérieux, qui fait de l'ombre et laisse passer la lumière. Dans la Bible, il indique souvent la présence de Dieu.

Psaume 46

Dieu s'élève parmi les ovations, le Seigneur, aux éclats du cor.

ou* : *Alléluia !

Tous les peuples, battez des mains,
acclamez Dieu par vos cris de joie !
Car le Seigneur est le Très-Haut, le redoutable,
le grand roi sur toute la terre.

Dieu s'élève parmi les ovations,
le Seigneur, aux éclats du cor.
Sonnez pour notre Dieu, sonnez,
sonnez pour notre roi, sonnez !

Car Dieu est le roi de la terre :
que vos musiques l'annoncent !
Il règne, Dieu, sur les païens,
Dieu est assis sur son trône sacré.

Illustration : Nathalie Dieterlé.

Deuxième lecture

En vivant auprès de son Père, Jésus ne nous abandonne pas. Invisiblement, il nous tient par la main dans notre marche vers Dieu.

Lecture de la lettre aux Hébreux

Chapitre 9, versets 24 à 28, et chapitre 10, versets 19 à 23

Le Christ n'est pas entré dans un sanctuaire fait de main d'homme, figure du sanctuaire véritable; il est entré dans le ciel même, afin de se tenir maintenant pour nous devant la face de Dieu. Il n'a pas à s'offrir lui-même plusieurs fois, comme le grand prêtre qui, tous les ans, entrait dans le sanctuaire en offrant un sang qui n'était pas le sien; car alors, le Christ aurait dû plusieurs fois souffrir la Passion depuis la fondation du monde. Mais en fait, c'est une fois pour toutes, à la fin des temps, qu'il s'est manifesté pour détruire le péché par son sacrifice.
Et, comme le sort des hommes est de mourir une seule fois et puis d'être jugés, ainsi le Christ s'est-il offert une seule fois pour enlever les péchés de la multitude; il apparaîtra une seconde fois, non plus à cause du péché, mais pour le salut de ceux qui l'attendent. Frères, c'est avec assurance que nous pouvons entrer dans le véritable sanctuaire grâce au sang de Jésus : nous avons là un chemin nouveau et vivant qu'il a inauguré en franchissant le rideau du Sanctuaire; or, ce rideau est sa chair. Et nous avons le prêtre par excellence, celui qui est établi sur la maison de Dieu. Avançons-nous donc vers Dieu avec un cœur sincère et dans la plénitude de la foi, le cœur purifié de ce qui souille notre conscience, le corps lavé par une eau pure. Continuons sans fléchir d'affirmer notre espérance, car il est fidèle, celui qui a promis.

Découvre aussi l'évangile de ce jour en BD page 58.

Évangile

Jésus quitte ses disciples. Pourtant, ceux-ci sont tout joyeux. Car ils ont compris que Jésus sera toujours avec eux, mais d'une autre manière.

Évangile de Jésus Christ selon saint Luc

Chapitre 24, versets 46 à 53

En ce temps-là, Jésus ressuscité, apparaissant à ses disciples, leur dit : « Il est écrit que le Christ souffrirait, qu'il ressusciterait d'entre les morts le troisième jour, et que **la conversion** serait proclamée en son nom, pour le pardon des péchés, à toutes les nations, en commençant par Jérusalem. À vous d'en être les témoins. Et moi, je vais envoyer sur vous ce que mon Père a promis. Quant à vous, demeurez dans la ville jusqu'à ce que vous soyez revêtus d'une puissance venue d'en haut. » Puis Jésus les emmena au-dehors, jusque vers Béthanie; et, levant les mains, il les bénit. Or, tandis qu'il les bénissait, il se sépara d'eux et il était emporté au ciel. Ils se prosternèrent devant lui, puis ils retournèrent à Jérusalem, en grande joie. Et ils étaient sans cesse dans le Temple à bénir Dieu.

Illustration : Marcelino Truong.

• **la conversion :** la conversion est un retournement. Quand une personne se convertit, elle se tourne entièrement vers Dieu.

Ton atelier de l'Évangile

1 1. Que fête-t-on aujourd'hui ?

À l'aide des définitions, retrouve les mots de l'évangile et place-les dans la grille. Puis inscris les lettres des cases colorées dans les cases de même couleur pour trouver la réponse.

1. Fait de changer son cœur pour suivre Jésus.
2. Village vers lequel Jésus est monté au ciel.
3. Personnes qui témoignent
4. Monument où les Juifs priaient.
5. Ville où était le Temple.
6. Donner sa bénédiction
7. Lieu où Jésus est monté.

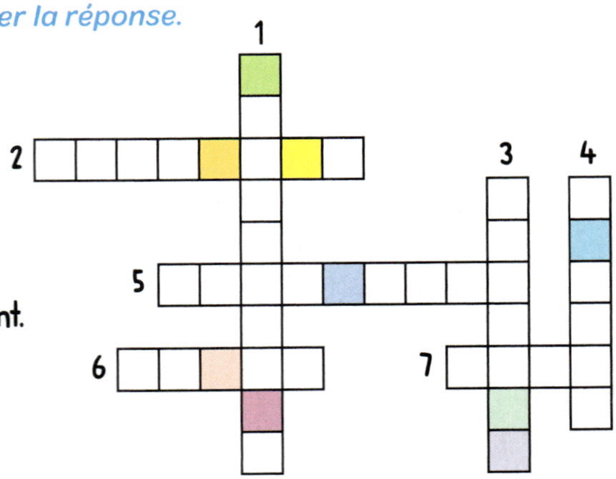

→ Aujourd'hui, nous fêtons l' ... ...

Réponse : 1. Conversion, 2. Béthanie, 3. Témoins, 4. Temple, 5. Jérusalem, 6. Bénir, 7. Ciel. Mot à trouver : Ascension.

2 Cette scène est un peu étonnante. Et toi, comment la représenterais-tu ?

Dessine l'Ascension de Jésus, avec les disciples qui se prosternent.

3 **Jésus dit à ses disciples : « À vous d'en être mes témoins. » Sais-tu que toi aussi, Jésus t'appelle à être témoin de la Bonne Nouvelle ? Qu'est-ce que cela te fait ?**

Choisis le visage qui te correspond le plus dans la première colonne. Ensuite, relie ta phrase à une raison qui correspond à ce que tu ressens.

Je suis touché •	• car je ne sais pas trop comment faire.
Je suis content •	• car Jésus a confiance en moi.
Je suis impressionné •	• car c'est une vraie responsabilité.
Je suis intimidé •	• car ça veut dire que Jésus m'a choisi.

4 **Jésus bénit les disciples. Ça veut dire qu'il prie sur eux et qu'il dit du bien ! Et si tu faisais pareil que Jésus ?**

Choisis ce que tu peux faire pour bénir ton entourage cette semaine. Colorie l'écriteau pour t'en souvenir.

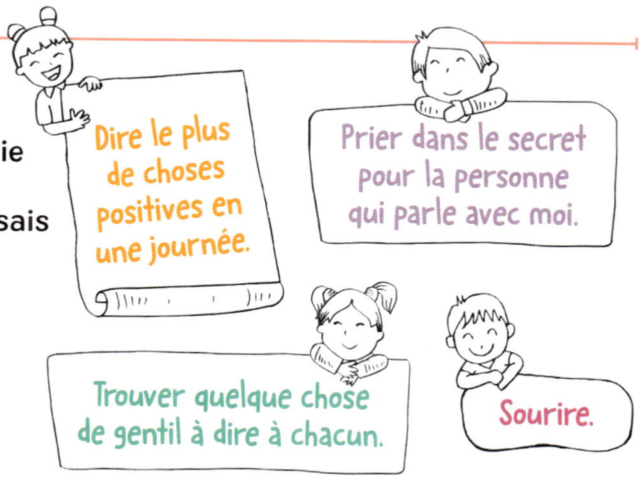

Autrement dit

Si ton meilleur ami déménage, tu es là pour lui dire au revoir le jour de son départ. C'est difficile, car tu te souviens des bons moments passés ensemble… Jésus se sépare de ses amis. Il part pour le ciel. Pourtant, les disciples retournent à Jérusalem en grande joie. Jésus était mort, Dieu l'a ressuscité. Et Jésus leur demande d'annoncer cette Bonne Nouvelle partout. En plus, pour les aider, il promet de leur envoyer une puissance d'en haut : l'Esprit Saint. Cette puissance te donne, à toi aussi, la joie d'annoncer que Jésus est ressuscité.

Textes : Cédric Kuntz, Pauline Samanos. Illustration : Marcelino Truong. Photo : Adobestock.

L'Ascension

Après la mort de Jésus, ses amis se cachent, car ils ont peur des Romains. Soudain, Jésus ressuscité apparaît au milieu d'eux.

Texte : Sophie Pelloux-Prayer d'après Luc 24, 46-53 (AELF). Illustrations : Stéphanie Rubini.

Tu es monté au ciel

Jésus,
tu es monté au ciel dans une nuée.
Deux anges ont dit à tes disciples :
« Pourquoi restez-vous là
à regarder vers le ciel ? »
À moi aussi, tu dis que tu n'es pas dans le ciel
mais dans ma vie de tous les jours, là où je suis.

Jésus,
fais-moi regarder vers la terre,
car tu es présent
dans le sourire de ma mère,
dans le service que je rends,
dans le soutien de mon père,
dans le pardon que je donne,
dans la prière de merci que je fais monter vers toi.

7E DIMANCHE DE PÂQUES

Première lecture

Après la mort de Jésus, ceux qui voulaient le suivre risquaient leur vie. C'est ce qui est arrivé à Étienne.

Lecture du livre des Actes des Apôtres

Chapitre 7, versets 55 à 60

En ces jours-là, Étienne était en face de ses accusateurs.
Rempli de l'Esprit Saint, il fixait le ciel du regard :
il vit la gloire de Dieu, et Jésus debout à la droite de Dieu.
Il déclara : « Voici que je contemple les cieux ouverts
et le Fils de l'homme debout à la droite de Dieu. »
Alors ils poussèrent de grands cris et se bouchèrent
les oreilles. Tous ensemble, ils se précipitèrent sur lui,
l'entraînèrent hors de la ville et se mirent à le lapider.
Les témoins avaient déposé leurs vêtements aux pieds
d'un jeune homme appelé **Saul.**
Étienne, pendant qu'on le lapidait, priait ainsi :
« Seigneur Jésus, reçois mon esprit. »
Puis, se mettant à genoux, il s'écria d'une voix forte :
« Seigneur, ne leur compte pas ce péché. »
Et, après cette parole, il s'endormit dans la mort.

• **Saul :** ce jeune homme juif, qui regarde Étienne mourir, est le futur saint Paul. À cette époque, il n'a pas encore rencontré Jésus Christ. Mais, un jour, il devient chrétien et change de nom.

Psaume 96

Le Seigneur est roi, le Très-Haut sur toute la terre !
ou : Alléluia !

Le Seigneur est roi ! Exulte la terre !
Joie pour les îles sans nombre !
Justice et droit sont l'appui de son trône.

Les cieux ont proclamé sa justice,
et tous les peuples ont vu sa gloire.
À genoux devant lui, tous les dieux !

Tu es, Seigneur, le Très-Haut
sur toute la terre :
tu domines de haut tous les dieux.

Illustration : Aurore Petit.

Deuxième lecture

Jésus Christ est le maître de l'univers et il vient jusqu'à nous pour nous donner toute la vie que nous désirons.

Lecture de l'Apocalypse de saint Jean

Chapitre 22, versets 12 à 14, 16 à 17 et 20

Moi, Jean, j'ai entendu une voix qui me disait :
« Voici que je viens sans tarder, et j'apporte avec moi
le salaire que je vais donner à chacun selon ce qu'il a fait.
Moi, je suis **l'alpha et l'oméga,** le premier et le dernier,
le commencement et la fin. Heureux ceux qui lavent
leurs vêtements : ils auront droit d'accès à l'arbre de la vie
et, par les portes, ils entreront dans la ville.
Moi, Jésus, j'ai envoyé mon ange vous apporter
ce témoignage au sujet des Églises. Moi, je suis le rejeton,
le descendant de David, l'étoile resplendissante du matin. »
L'Esprit et l'Épouse disent : « Viens ! »
Celui qui entend, qu'il dise : « Viens ! »
Celui qui a soif, qu'il vienne.
Celui qui le désire, qu'il reçoive l'eau de la vie,
gratuitement. Et celui qui donne ce témoignage déclare :
« Oui, je viens sans tarder. » – Amen !
Viens, Seigneur Jésus !

• **l'alpha et l'oméga :** ce sont la première et la dernière lettre de l'alphabet grec, comme A et Z dans notre alphabet romain.

Évangile

Dans sa prière, Jésus redit son projet : que tous les hommes, les femmes, les enfants du monde partagent la vie de Dieu.

Évangile de Jésus Christ selon saint Jean

Chapitre 17, versets 20 à 26

En ce temps-là, les yeux levés au ciel, Jésus priait ainsi : « Père saint, je ne prie pas seulement pour ceux qui sont là, mais encore pour ceux qui, grâce à leur parole, croiront en moi. Que tous soient un, comme toi, Père, tu es en moi, et moi en toi. Qu'ils soient un en nous, eux aussi, pour que le monde croie que tu m'as envoyé. Et moi, je leur ai donné **la gloire** que tu m'as donnée, pour qu'ils soient un comme nous sommes UN : moi en eux, et toi en moi. Qu'ils deviennent ainsi parfaitement un, afin que le monde sache que tu m'as envoyé, et que tu les as aimés comme tu m'as aimé. Père, ceux que tu m'as donnés, je veux que là où je suis, ils soient eux aussi avec moi, et qu'**ils contemplent** ma gloire, celle que tu m'as donnée parce que tu m'as aimé avant la fondation du monde. Père juste, le monde

- **la gloire :** le mot gloire dit l'importance d'une personne. On parle de la gloire de Dieu quand on évoque la splendeur de Dieu.
- **ils contemplent :** contempler, c'est regarder quelqu'un ou quelque chose avec admiration.

ne t'a pas connu, mais moi je t'ai connu, et ceux-ci ont reconnu que tu m'as envoyé. Je leur ai fait connaître ton nom, et je le ferai connaître, pour que l'amour dont tu m'as aimé soit en eux, et que moi aussi, je sois en eux. »

Illustration : Marcelino Truong.

Ton atelier de l'Évangile

1 Dans l'évangile du jour, Jésus prie son Père. Que lui demande-t-il ?

Entoure la bonne réponse. Si tu as besoin d'aide, tu peux relire l'évangile.

Jésus demande à son Père :

1. « Qu'il fasse beau demain, car une longue route m'attend. »
2. « Que Joseph et Marie m'attendent pour le dîner. Et qu'il y ait des frites ! »
3. « Que tu me fasses voler dans les airs. »
4. « Que tous les hommes soient un, comme nous sommes UN. »
5. « Que mes disciples soient drôles. »

Réponse : 4.

---

2 Comment comprends-tu la prière de Jésus ?

Colorie le nombre de fleurs qui te correspond.
Plus tu en colories, plus tu es d'accord.

Je ne comprends pas ce que Jésus veut dire.	Jésus prie pour les hommes. Cela veut dire qu'il nous aime.	Jésus veut que nous soyons un, unis, comme lui est uni à Dieu.	Jésus demande l'impossible : on ne peut pas être tous unis, car on est trop nombreux !

3 D'après toi, que veut dire Jésus quand il nous demande d'être un ?

Dans cette cour de récréation, colorie les personnes qui sont unies.

4 Il y a plein de façons d'être unis ! On peut être unis parce qu'on fait des choses ensemble, qu'on fait attention aux autres... ou tout simplement en étant tous dans la même cour de récréation !

En face de chaque groupe de personnes, écris ce qui vous unit !

Ma famille : ....

Mes amis : ....

Mes camarades d'école : ....

Les Français : ....

Toutes les personnes de la Terre : ....

Autrement dit

S'entendre avec tout le monde ? Pas toujours facile : nous voulons avoir le dernier mot, nous sommes jaloux, égoïstes. Jésus a bien compris que vivre dans l'unité était difficile. Il prie pour les chrétiens : « Que tous soient un. » Cela ne veut pas dire qu'il n'y aura plus de disputes, mais que nous sommes prêts à nous pardonner les uns aux autres. Et cette amitié vécue entre les chrétiens, cette unité plus forte que la guerre, est un signe de la présence de Dieu dans le monde. Comme le dit Jésus : « Ainsi le monde saura que tu m'as envoyé. »

Texte : Sophie Pelloux-Prayer, Thibault Van Den Driessche. Illustrations : Marcelino Truong, Estelle Chandelier. Photo : AdobeStock.

L'ordination du séminariste de ma paroisse

• Un jour, au caté, nous avons posé plein de questions à David, le séminariste de notre paroisse. Il nous a raconté qu'il allait à l'école des prêtres, le séminaire. Ça dure au moins sept ans ! L'ordination est la célébration où les séminaristes deviennent prêtres. C'est l'un des sept sacrements. Et David nous a invités !

• Nous sommes allés dans la cathédrale de notre diocèse. C'est l'église dans laquelle il y a le siège de l'évêque. Il y avait beaucoup de monde et plein de prêtres. La messe était très longue !

• À un moment, pour montrer qu'il s'abandonne à Dieu, David s'est allongé par terre. Puis il a reçu les habits des prêtres. Et, enfin, tous les prêtres sont venus le saluer.

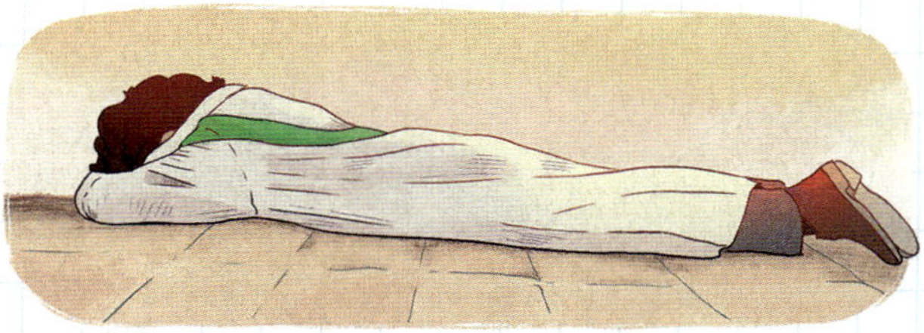

• Puis, la messe a continué : David était juste à côté de l'évêque. Entre ses mains, le pain et le vin sont devenus le corps et le sang de Jésus.

• À la fin de la messe, tout le monde était très joyeux. David a béni les personnes qui le lui demandaient. La bénédiction d'un nouveau prêtre est un beau cadeau !

→ Connais-tu des séminaristes ? As-tu déjà assisté à une ordination ? Écris-nous pour nous raconter !

Texte : Bénédicte Journet. Illustrations : Camouche.

MA SEMAINE

Lundi 2 juin

Sainte Blandine

Je commence la semaine en étant :

Mardi 3 juin

Saint Kevin

Je remercie Jésus pour :

....

....

....

Mercredi 4 juin

Sainte Clotilde

Ce que j'aime faire en dehors de l'école : ....

....

....

Jeudi 5 juin

Saint Boniface

Ma couleur préférée est :

....

....

Vendredi 6 juin

Saint Norbert

Jésus, je te demande pardon pour :

....

....

....

Samedi 7 juin

Saint Gilbert

Mon activité préférée du week-end :

....

....

....

Dimanche 8 juin

Saint Médard de Noyon

C'est la Pentecôte ! Jésus nous envoie annoncer la Bonne Nouvelle sur toute la Terre ! Aujourd'hui, je lis l'évangile de ce dimanche et je fais l'atelier (pages 75-77). À qui vais-je annoncer que Jésus est vivant ?

....

Textes : Sophie Pelloux-Prayer

PENTECÔTE

Découvre aussi la BD de ce dimanche en page 78.

Première lecture

Jésus n'est plus là. Les disciples se sentent seuls, effrayés. Mais voilà que, soudain, un coup de vent va balayer leur peur.

Lecture du livre des Actes des Apôtres

Chapitre 2, versets 1 à 11

Quand arriva le jour de **la Pentecôte,** au terme des cinquante jours après Pâques, ils se trouvaient réunis tous ensemble. Soudain un bruit survint du ciel comme un violent coup de vent : la maison où ils étaient assis en fut remplie tout entière. Alors leur apparurent des langues qu'on aurait dites de feu, qui se partageaient, et il s'en posa une sur chacun d'eux. Tous furent remplis **d'Esprit Saint :** ils se mirent à parler en d'autres langues, et chacun s'exprimait selon le don de l'Esprit.
Or, il y avait, résidant à Jérusalem, des Juifs religieux, venant de toutes les nations sous le ciel.
Lorsque ceux-ci entendirent la voix qui retentissait, ils se rassemblèrent en foule. Ils étaient en pleine confusion parce que chacun d'eux entendait dans son propre dialecte ceux qui parlaient.

- **la Pentecôte :** c'est une fête juive où on rappelle que Dieu a donné sa Loi à Moïse pour le peuple. On la célèbre cinquante jours après la Pâque. Les Apôtres ont reçu l'Esprit Saint le jour de cette fête. Elle est donc devenue aussi une grande fête chrétienne.
- **d'Esprit Saint :** lire page 42.

Dans la stupéfaction et l'émerveillement, ils disaient :
« Ces gens qui parlent ne sont-ils pas tous galiléens ?
Comment se fait-il que chacun de nous les entende
dans son propre dialecte, sa langue maternelle ?
Parthes, Mèdes et Élamites, habitants de la Mésopotamie,
de la Judée et de la Cappadoce, de la province du Pont
et de celle d'Asie, de la Phrygie et de la Pamphylie,
de l'Égypte et des contrées de Libye proches de Cyrène,
Romains de passage, Juifs de naissance et convertis,
Crétois et Arabes, tous nous les entendons parler
dans nos langues des merveilles de Dieu. »

Illustration : Marcelino Truong.

Psaume 103

Ô Seigneur, envoie ton Esprit qui renouvelle la face de la terre !

ou : ***Alléluia !***

Bénis le Seigneur, ô mon âme;
Seigneur mon Dieu, tu es si grand !
Quelle profusion dans tes œuvres, Seigneur !
la terre s'emplit de tes biens.

Tu reprends leur souffle, ils expirent
et retournent à leur poussière.
Tu envoies ton souffle : ils sont créés;
tu renouvelles la face de la terre.

Gloire au Seigneur à tout jamais !
Que Dieu se réjouisse en ses œuvres !
Que mon poème lui soit agréable;
moi, je me réjouis dans le Seigneur.

Illustration : Sébastien Chebret.

Deuxième lecture

Saint Paul nous rappelle que nous portons tous en nous l'Esprit Saint. Avec ce cadeau, Dieu fait de nous ses enfants.

Lecture de la lettre de saint Paul apôtre aux Romains

Chapitre 8, versets 8 à 17

Frères, ceux qui sont sous l'emprise de la chair ne peuvent pas plaire à Dieu. Or, vous, vous n'êtes pas sous l'emprise de la chair, mais sous celle de l'Esprit, puisque l'Esprit de Dieu habite en vous. Celui qui n'a pas l'Esprit du Christ ne lui appartient pas. Mais si le Christ est en vous, le corps, il est vrai, reste marqué par la mort à cause du péché, mais l'Esprit vous fait vivre, puisque vous êtes devenus des justes. Et si l'Esprit de celui qui a ressuscité Jésus d'entre les morts habite en vous, celui qui a ressuscité Jésus, le Christ, d'entre les morts donnera aussi la vie à vos corps mortels par son Esprit qui habite en vous. Ainsi donc, frères, nous avons une dette, mais elle n'est pas envers la chair pour devoir vivre selon la chair. Car si vous vivez selon la chair, vous allez mourir; mais si, par l'Esprit, vous tuez les agissements de l'homme pécheur, vous vivrez. En effet, tous ceux qui se laissent conduire par l'Esprit de Dieu, ceux-là sont fils de Dieu. Vous n'avez pas reçu un esprit qui fait de vous des esclaves et vous ramène à la peur; mais vous avez reçu un Esprit qui fait de vous des fils; et c'est en lui que nous crions « *Abba !* », c'est-à-dire : Père ! C'est donc l'Esprit Saint lui-même qui atteste à notre esprit que nous sommes enfants de Dieu. Puisque nous sommes ses enfants, nous sommes aussi ses héritiers : héritiers de Dieu, héritiers avec le Christ, si du moins nous souffrons avec lui pour être avec lui dans la gloire.

Évangile

Avant de monter vers son Père, Jésus promet à ses disciples de ne jamais les abandonner. Il leur enverra l'Esprit, qui sera pour eux comme un guide dans un pays inconnu.

Évangile de Jésus Christ selon saint Jean

Chapitre 14, versets 15 à 16 et 23b à 26

En ce temps-là, Jésus disait à ses disciples :
« Si vous m'aimez, vous garderez mes commandements.
Moi, je prierai le Père, et il vous donnera un autre
Défenseur qui sera pour toujours avec vous.
Si quelqu'un m'aime, il gardera ma parole ;
mon Père l'aimera, nous viendrons vers lui et, chez lui,
nous nous ferons une demeure. Celui qui ne m'aime pas
ne garde pas mes paroles. Or, la parole que vous entendez
n'est pas de moi : elle est du Père, qui m'a envoyé.
Je vous parle ainsi, tant que je demeure avec vous ;
mais **le Défenseur,** l'Esprit Saint que le Père enverra
en mon nom, lui, vous enseignera tout,
et il vous fera souvenir de tout ce que je vous ai dit. »

• **le Défenseur :** le Défenseur est un des noms donnés à l'Esprit Saint, car il nous aide à nous défendre contre le mal.

Ton atelier de l'Évangile

1 Dans l'évangile, Jésus annonce aux disciples que Dieu le Père leur enverra un Défenseur. Qui est-il ?

Remplis la grille pour retrouver le nom du Défenseur. Puis, complète la phrase en-dessous de la grille, avec les lettres roses et bleues.

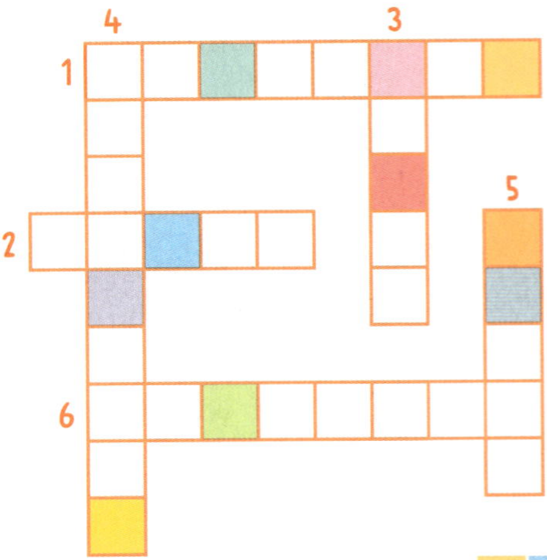

1 : Nom donné à l'ami de Jésus.
2 : Prénom du fils de Dieu.
3 : S'adresser à Dieu et lui confier sa journée.
4 : Jésus annonce à ses disciples qui son Père va leur envoyer !
5 : Ce verbe est utilisé 4 fois dans l'évangile du jour !
6 : Synonyme d'écouter.

→ Jésus annonce l'arrivée de l' … … … … … … … … … … … !

Réponses : 1 : Disciple, 2 : Jésus, 3 : Prier, 4 : Défenseur, 5 : Aimer, 6 : Entendre. Les deux mots à trouver sont donc : Esprit Saint.

2 Jésus annonce l'arrivée d'un Défenseur. Mais à quoi sert-il ?

Retrouve les missions du Défenseur, annoncées par Jésus.

- ☐ Il est toujours avec nous et nous rappelle les paroles de Jésus.
- ☐ Il combat nos ennemis : la bagarre ne lui fait pas peur !
- ☐ Il range notre chambre pour que nous ne soyons pas grondés.

3 **Pour toi, est-ce important d'être accompagné par l'Esprit de Dieu ?**

Colorie la ou les bulles que tu préfères.

Même si je n'y pense pas tout le temps, pour moi, cela veut dire que je compte pour Dieu.

Je n'y pense pas vraiment pendant la journée : l'Esprit Saint n'est pas à côté, à me souffler des choses dans l'oreille...

C'est un peu stressant : j'ai peur de faire des bêtises.

Je me sens moins seul et plus fort, car je sais que Dieu est avec moi !

Grâce à l'Esprit Saint, je comprends les paroles de Jésus.

4 **Dieu est toujours avec nous, pour nous soutenir et nous aimer. Grâce à l'Esprit Saint qui nous guide, nous pouvons nous aussi connaître Dieu et l'aimer. Quand crois-tu que l'Esprit Saint est avec toi ?**

Écris ici 3 moments où tu t'es senti défendu, consolé, libéré, aimé, instruit...

→ ....

→ ....

→ ....

Autrement dit

Tout le temps que Jésus est avec ses amis, il enseigne et prend leur défense. Mais il va bientôt rejoindre le Père. Pourtant, Jésus ne laisse pas seuls ses amis. Il leur promet de venir habiter leurs cœurs avec Dieu, son Père. Jésus sera présent d'une autre manière, grâce au souffle de l'Esprit Saint qui guidera et défendra les disciples après son départ. L'Esprit Saint t'accompagne : tu n'es plus seul. Il te permet de connaître et d'aimer Jésus. Le Saint-Esprit veille sur toi, te rend plus fort et remplit ton cœur de joie.

Textes : Sophie Pelloux-Prayer, Cédric Kuntz. Illustration : Marcelino Truong. Photo : Adobestock.

La Pentecôte

C'est la Pentecôte. Les Juifs fêtent les cinquante jours qui suivent la libération des Hébreux d'Égypte. Les disciples se réunissent, quand soudain…

Texte : Sophie Pelloux-Prayer d'après le livre des Actes des Apôtres 2, 1-11 (AELF). Illustrations : Stéphanie Rubini.

MA SEMAINE

Lundi 9 juin

Saint Ephrem le Syrien

Ce soir, je confie ma journée à Dieu.

Mardi 10 juin

Saint Landry

Si j'étais un oiseau, je serais : ....

Mercredi 11 juin

Saint Barnabé

Mes meilleurs amis s'appellent : ....

Jeudi 12 juin

Bienheureux Guy Vignotelli

Le personnage de la Bible que je préfère est : ....

Vendredi 13 juin

Saint Antoine de Padoue

Comment s'est passée ma journée ?

Samedi 14 juin

Saint Élisée

J'aime quand mes parents me disent : ....

Dimanche 15 juin

Sainte Germaine Cousin

Aujourd'hui, je lis l'évangile de ce dimanche et je fais l'atelier (pages 84-87). Dieu est Père, Fils et Esprit. Je trace un grand signe de croix sur moi.

....

Textes : Sophie Pelloux-Prayer.

LA SAINTE TRINITÉ

Première lecture

La Bible raconte que, depuis les premiers jours du monde, la Sagesse est auprès de Dieu.

Lecture du livre des Proverbes

Chapitre 8, versets 22 à 31

Écoutez ce que déclare **la Sagesse** de Dieu :
« Le Seigneur m'a faite pour lui, principe de son action, première de ses œuvres, depuis toujours. Avant les siècles j'ai été formée, dès le commencement, avant l'apparition de la terre. Quand les abîmes n'existaient pas encore, je fus enfantée, quand n'étaient pas les sources jaillissantes. Avant que les montagnes ne soient fixées, avant les collines, je fus enfantée, avant que le Seigneur n'ait fait la terre et l'espace, les éléments primitifs du monde.
Quand il établissait les cieux, j'étais là, quand il traçait l'horizon à la surface de l'abîme, qu'il amassait les nuages dans les hauteurs et maîtrisait les sources de l'abîme, quand il imposait à la mer ses limites, si bien que les eaux ne peuvent enfreindre son ordre, quand il établissait les fondements de la terre. Et moi, je grandissais à ses côtés.
Je faisais ses délices jour après jour, jouant devant lui à tout moment, jouant dans l'univers, sur sa terre, et trouvant mes délices avec les fils des hommes. »

• **la Sagesse :** la sagesse est la qualité de quelqu'un de réfléchi, qui connaît le vrai et le bien. Dans la Bible, la Sagesse de Dieu (avec une majuscule), c'est Dieu lui-même.

Psaume 8

Ô Seigneur, notre Dieu, qu'il est grand, ton nom, par toute la terre !

À voir ton ciel, ouvrage de tes doigts,
la lune et les étoiles que tu fixas,
qu'est-ce que l'homme pour que tu penses à lui,
le fils d'un homme, que tu en prennes souci ?

Tu l'as voulu un peu moindre qu'un dieu,
le couronnant de gloire et d'honneur;
tu l'établis sur les œuvres de tes mains,
tu mets toute chose à ses pieds.

Les troupeaux de bœufs et de brebis,
et même les bêtes sauvages,
les oiseaux du ciel et les poissons de la mer,
tout ce qui va son chemin dans les eaux.

Illustration : Martin Jarrie.

Deuxième lecture

**Jésus nous ouvre au monde de Dieu.
Qu'est-ce que cela signifie pour nous ?
Paul l'explique dans cette lecture.**

Lecture de la lettre de saint Paul apôtre aux Romains

Chapitre 5, versets 1 à 5

Frères, nous qui sommes devenus **justes** par la foi, nous voici en paix avec Dieu par notre Seigneur Jésus Christ, lui qui nous a donné, par la foi, l'accès à **cette grâce** dans laquelle nous sommes établis ; et nous mettons notre fierté dans l'espérance d'avoir part à la gloire de Dieu.
Bien plus, nous mettons notre fierté dans la détresse elle-même, puisque la détresse, nous le savons, produit la persévérance ; la persévérance produit la vertu éprouvée ; la vertu éprouvée produit l'espérance ; et l'espérance ne déçoit pas, puisque l'amour de Dieu a été répandu dans nos cœurs par l'Esprit Saint qui nous a été donné.

- **justes :** un juste est une personne qui vit dans l'honnêteté et la justice, comme Dieu le demande.
- **cette grâce :** la grâce est l'amour de Dieu donné comme un cadeau aux hommes.

Évangile

Jésus va mourir mais il n'abandonne pas ses disciples. Il leur promet l'Esprit Saint pour toujours. Il nous l'offre à nous aussi. Il nous explique pourquoi.

Évangile de Jésus Christ selon saint Jean

Chapitre 16, versets 12 à 15

En ce temps-là, Jésus disait à ses disciples :
« J'ai encore beaucoup de choses à vous dire,
mais pour l'instant vous ne pouvez pas les porter.
Quand il viendra, lui, l'Esprit de vérité,
il vous conduira dans la vérité tout entière.
En effet, ce qu'il dira ne viendra pas de lui-même :
mais ce qu'il aura entendu, il le dira ;
et ce qui va venir, il vous le fera connaître.
Lui me **glorifiera,** car il recevra ce qui vient de moi
pour vous le faire connaître.
Tout ce que possède le Père est à moi ;
voilà pourquoi je vous ai dit :
L'Esprit reçoit ce qui vient de moi
pour vous le faire connaître. »

• **glorifiera :** glorifier, cela veut dire célébrer la grandeur, l'importance de quelqu'un.

Illustration : Marcelino Truong.

Ton atelier de l'Évangile

1 Dans l'évangile du jour, un mot revient trois fois. Le retrouves-tu ?

Remplis la grille pour retrouver le mystérieux mot.

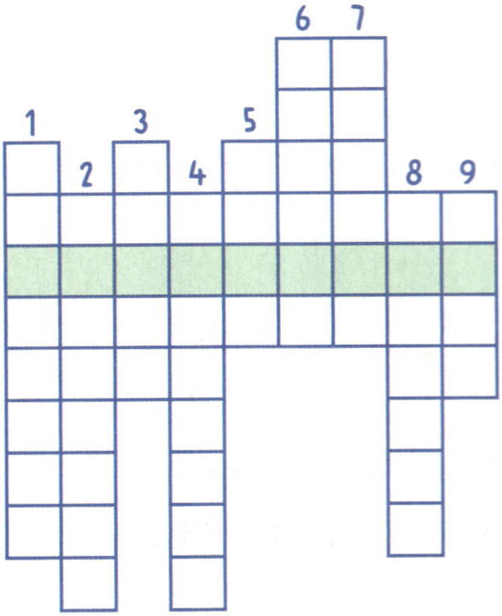

1. Quand on nous donne quelque chose.
2. Ce qu'on fait quand on est au volant d'une voiture.
3. Synonyme d'aller.
4. Synonyme d'écouter.
5. C'est le prénom de celui qui a écrit l'évangile du jour.
6. Avec le Père et le Fils, ils sont Dieu !
7. Contraire du mensonge.
8. Le mot qu'on utilise pour dire que Dieu est Père, Fils et Esprit.
9. Homme qui a un fils.

Réponses : 1. Recevoir, 2. Conduire, 3. Venir, 4. Entendre, 5. Jean, 6. Esprit, 7. Vérité, 8. Trinité, 9. Père. Le verbe qui revient trois fois dans l'évangile est donc : connaître.

2 Pour toi, est-ce important de connaître Dieu et son message ?

Colorie la barre en fonction de ce que tu penses.

J'ai souvent autre chose à faire.	Parfois, c'est intéressant.	J'aime savoir ce que Dieu attend de moi.	Je cherche Dieu le plus souvent possible.	Je cherche Dieu dans chaque petit moment de ma vie.

3 **Pourquoi la connaissance est-elle importante ?**

Entoure les phrases qui te semblent justes.

Quand on connaît quelqu'un, on l'aime plus.

Quand on sait ce qu'il faut faire, on est plus efficace.

Connaître, c'est s'intéresser aux autres, au monde...

On ne peut pas comprendre les choses ou les événements si on n'apprend pas à les connaître.

Quand on cherche Dieu, connaître et aimer, c'est la même chose !

4 **Dans l'évangile du jour, Jésus annonce que l'Esprit de Dieu va venir. Que connais-tu de Dieu, grâce à l'Esprit Saint ?**

Souligne les phrases que tu préfères et ajoute tes propres réponses.

Dieu nous aime : il ne veut pas que nous soyons seuls.

Dieu veut que nous le connaissions, sinon, il n'enverrait pas son Esprit.

L'Esprit Saint nous aide à comprendre et à aimer Jésus.

Jésus, son Père et l'Esprit Saint sont tous les trois : Dieu.

→ ....

Autrement dit

Cela devait être chouette d'entendre parler Jésus, de le voir guérir des aveugles, des sourds, des muets. Il a rejoint son Père et nous envoie l'Esprit Saint, qui nous remplit de joie, de paix, de patience. Cet Esprit parle au plus profond de notre cœur. Il nous parle de la tendresse du Père, il nous apprend à aimer Jésus et à annoncer la Bonne Nouvelle.

Textes : Sophie Pelloux-Prayer, Thibault Van Den Driessche. Illustration : Marcelino Truong. Photo : Adobestock.

Raphaël
chante avec sa famille

« Je m'appelle Raphaël, j'ai 12 ans. J'habite à Versailles (Yvelines). Je chante avec ma famille. Nous donnons des concerts et avons sorti trois albums. »

LA FAMILLE LEFÈVRE

J'ai trois grands frères et deux grandes sœurs. Depuis toujours, nous chantons en famille. Le dimanche, ça nous arrive souvent d'animer la messe. Pour cela, il y a une ou deux répétitions dans la semaine. Il y a cinq ans, nous avons participé à l'émission La France a un incroyable talent. Le jury a été très touché par nos chants sacrés, c'était un jury gentil. Quelques jours plus tard, nous avons appris que nous avions gagné : on était super fiers !

L'ÉMISSION ET LES CONCERTS

Après l'émission La France a un incroyable talent, nous sommes partis en tournée dans toute la France et même à l'étranger ! On a fait une cinquantaine de concerts. J'adore les tournées : nous logeons dans des hôtels et nous avons droit à des petits-déjeuners à volonté. On voyage et on s'amuse bien entre nous. À côté des concerts, nous avons sorti trois CD en famille. Le dernier est sorti à Noël 2024.

LA MUSIQUE ET MOI

Je fais partie de la Maîtrise des Petits chanteurs de Versailles et je joue de l'orgue dans mon église. C'est incroyable, car c'est un instrument très vieux. J'aime beaucoup chanter, surtout lorsque ça réjouit le cœur des gens qui nous écoutent pendant les concerts ou lors des messes. j'aime les voir sourire, les rencontrer. Beaucoup nous félicitent aussi. Et en plus de ça, je suis très heureux quand ça les fait devenir chrétiens, s'ils ne le sont pas.

Propos recueillis par Anne-Quitterie Jozeau.
Photos : Ronan du Cleuziou, Floraine Mancheron.

MA SEMAINE

Lundi 16 juin

Saint Jean François Régis

Aujourd'hui, je me lance un petit défi sportif !

Mardi 17 juin

Saint Hervé

Mon livre favori est : ....
....
....

Mercredi 18 juin

Saint Léonce de Tripoli

Si je devais me décrire en trois mots, je dirais : ....
....
....

Jeudi 19 juin

Saint Romuald

Je vis dans une :

- ☐ Petite famille.
- ☐ Grande famille.

Vendredi 20 juin

Saint Silvère

Aujourd'hui, je mets plutôt :

- ☐ Un tee-shirt.
- ☐ Un sweat-shirt.
- ☐ Un pull-over.

Samedi 21 juin

Saint Louis de Gonzague

Aujourd'hui, c'est l'été ! Les trois trucs que je préfère à cette saison sont : ....
....

Dimanche 22 juin

Saint Thomas More

Aujourd'hui, je lis l'évangile de ce dimanche et je fais l'atelier (pages 94-97). C'est la fête du corps et du sang du Christ. Jésus a tout donné pour moi. Qu'est-ce que je peux lui donner à mon tour ? ....
....

Textes : Sophie Pelloux-Prayer

SAINT-SACREMENT

Première lecture

Il y a très longtemps, un prêtre a pris du pain et du vin et il a béni Dieu. Plus tard, Jésus a fait les mêmes gestes.

Lecture du livre de la Genèse

Chapitre 14, versets 18 à 20

En ces jours-là, Melkisédek, roi de Salem,
fit apporter du pain et du vin :
il était prêtre du Dieu très-haut.
Il bénit Abram en disant :
« Béni soit **Abram** par le Dieu très-haut,
qui a fait le ciel et la terre;
et béni soit le Dieu très-haut,
qui a livré tes ennemis entre tes mains. »
Et Abram lui donna le dixième de tout ce qu'il avait pris.

• **Abram :** Abram, c'est Abraham, l'ancêtre du peuple juif. Dieu lui a promis de très nombreux descendants.

Psaume 109

Tu es prêtre à jamais, selon l'ordre de Melkisédek.

Oracle du Seigneur à mon seigneur :
« Siège à ma droite,
et je ferai de tes ennemis
le marchepied de ton trône. »

De Sion, le Seigneur te présente
le sceptre de ta force :
« Domine jusqu'au cœur de l'ennemi. »

Le jour où paraît ta puissance,
tu es prince, éblouissant de sainteté :
« Comme la rosée qui naît de l'aurore,
je t'ai engendré. »

Le Seigneur l'a juré
dans un serment irrévocable :
« Tu es prêtre à jamais
selon l'ordre du roi Melkisédek. »

Illustration : Catherine Chion.

Deuxième lecture

À chaque messe, le prêtre redit les paroles et refait les gestes de Jésus lors de son dernier repas.

Lecture de la première lettre de saint Paul apôtre aux Corinthiens

Chapitre 11, versets 23 à 26

Frères, j'ai moi-même reçu ce qui vient du Seigneur,
et je vous l'ai transmis : la nuit où il était livré,
le Seigneur Jésus prit du pain, puis, ayant rendu grâce,
il le rompit, et dit :
« Ceci est **mon corps,** qui est pour vous.
Faites cela en mémoire de moi. »
Après le repas, il fit de même avec la coupe, en disant :
« Cette coupe est **la nouvelle Alliance** en mon sang.
Chaque fois que vous en boirez,
faites cela en mémoire de moi. »
Ainsi donc, chaque fois que vous mangez ce pain
et que vous buvez cette coupe,
vous proclamez la mort du Seigneur,
jusqu'à ce qu'il vienne.

• **la nouvelle Alliance :** Dieu avait fait une première Alliance, un pacte d'amitié, avec le peuple d'Israël. En partageant le pain et le vin avec ses amis, Jésus annonce une nouvelle Alliance entre Dieu et les hommes : il va donner sa vie pour tous les hommes.

Évangile

Jésus a donné du pain en abondance à une foule affamée. En faisant cela, il annonçait un cadeau encore plus grand : celui de sa vie, donnée à tous les hommes.

Évangile de Jésus Christ selon saint Luc

Chapitre 9, versets 11b à 17

En ce temps-là, Jésus parlait aux foules du **règne de Dieu,** et guérissait ceux qui en avaient besoin. Le jour commençait à baisser. Alors les Douze s'approchèrent de lui et lui dirent : « Renvoie cette foule : qu'ils aillent dans les villages et les campagnes des environs afin d'y loger et de trouver des vivres; ici nous sommes dans un endroit désert. » Mais il leur dit : « Donnez-leur vous-mêmes à manger. » Ils répondirent : « Nous n'avons pas plus de cinq pains et deux poissons. À moins peut-être d'aller nous-mêmes acheter de la nourriture pour tout ce peuple. » Il y avait environ cinq mille hommes. Jésus dit à ses disciples : « Faites-les asseoir par groupes de cinquante environ. » Ils exécutèrent cette demande et firent asseoir tout le monde. Jésus prit les cinq pains et les deux poissons, et, levant les yeux au ciel, il prononça la bénédiction sur eux, les rompit et les donna à ses disciples pour qu'ils les distribuent à la foule. Ils mangèrent et ils furent tous rassasiés; puis on ramassa les morceaux qui leur restaient : cela faisait douze paniers.

• **règne de Dieu :** c'est la vie avec Dieu, que Jésus nous apprend à découvrir.

Illustration : Marcelino Truong.

Ton atelier de l'Évangile

1 L'évangile du jour raconte comment Jésus a nourri la foule, avec cinq pains et deux poissons.

Dessine cette histoire.

2 Pour toi, Jésus apparaît comme...

Coche la réponse que tu préfères.

- ☐ Quelqu'un de généreux.
- ☐ Un magicien ou un superhéros !
- ☐ Le Fils de Dieu.
- ☐ Quelqu'un qui fait attention à ceux qui l'entourent.

3 Pour toi, quel est le passage le plus important ?

Entoure ta réponse, puis explique pourquoi.

Mon passage préféré est...

→ Jésus demande aux disciples de nourrir la foule.

→ Devant les cinq pains et les deux poissons, Jésus dit la bénédiction.

→ Jésus rompt la nourriture et la distribue.

→ Tous mangent à leur faim et il reste encore douze paniers.

Parce que...

---

4 Dieu nous donne en abondance pour que nous ne manquions de rien ! Qu'est-ce que Dieu te donne ?

Il peut y avoir plusieurs choses ! Écris-les autour du mot merci.

MERCI

Autrement dit

Il est tard. Jésus enseigne et guérit la foule qui est fatiguée et affamée. Les disciples veulent renvoyer les gens chez eux. Jésus, lui, veut que les disciples nourrissent la foule. Mais ils ne savent pas comment faire : ils n'ont quasiment pas de provisions. Alors Jésus se tourne vers son Père. Dieu seul rassasie les corps et les cœurs affamés. Jésus sait qu'il ne les abandonnera pas, qu'il nourrira et rassasiera la foule. Jésus lève les yeux vers le ciel et demande à Dieu de bénir les provisions récupérées. Demander la bénédiction de Dieu, c'est reconnaître qu'il est présent dans notre vie. N'hésite pas à te confier à Dieu.

Textes : Sophie Pelloux-Prayer, Patricia Metzger. Illustration : Marcelino Truong. Photo : Adobestock.

MA SEMAINE

Lundi 23 juin

Sainte Paule

C'est bientôt les vacances ! Je note les adresses de mes amis pour leur envoyer une carte postale cet été.

Mardi 24 juin

Nativité de saint Jean Baptiste

Jean Baptiste est le cousin de Jésus. Il annonce sa venue. Est-ce que moi aussi, j'annonce Jésus ?

☐ Oui ☐ Non

Mercredi 25 juin

Saint Prosper d'Aquitaine

Je préfère :

☐ Quand ma chambre est parfaitement rangée.

☐ Quand je peux mettre le bazar !

Jeudi 26 juin

Saint Anthelme

Je demande à Jésus de m'aider à aimer les autres.

Vendredi 27 juin

Saint Cyrille d'Alexandrie

Je liste cinq choses que j'aime :

....

....

....

Samedi 28 juin

Saint Irénée de Lyon

Mes grands-parents s'appellent :

....

....

....

Dimanche 29 juin

Saints Pierre et Paul

Aujourd'hui, je lis l'évangile de ce dimanche et je fais l'atelier (pages 103-105). Saint Pierre et saint Paul sont les amis de Jésus. Est-ce que moi aussi je veux suivre Jésus ? ....

....

Textes : Sophie Delloux-Prayer

SAINTS PIERRE ET PAUL, APÔTRES

Première lecture

Pierre a témoigné pour Jésus. Alors, le roi Hérode Agrippa le fait emprisonner. Mais Dieu ne l'a pas abandonné, car Pierre comptait sur lui.

Lecture du livre des Actes des Apôtres

Chapitre 12, versets 1 à 11

À cette époque, le roi **Hérode Agrippa** se saisit de certains membres de **l'Église** pour les mettre à mal. Il supprima Jacques, frère de Jean, en le faisant décapiter. Voyant que cette mesure plaisait aux Juifs, il décida aussi d'arrêter Pierre. C'était les jours des Pains sans levain. Il le fit appréhender, emprisonner, et placer sous la garde de quatre escouades de quatre soldats; il voulait le faire comparaître devant le peuple après la Pâque. Tandis que Pierre était ainsi détenu dans la prison, l'Église priait Dieu pour lui avec insistance. Hérode allait le faire comparaître. Or, Pierre dormait, cette nuit-là, entre deux soldats; il était attaché avec deux chaînes et des gardes étaient en faction devant la porte de la prison.

- **Hérode Agrippa :** Hérode Agrippa est le petit-fils du premier Hérode, le roi de Judée nommé par les Romains. Il est roi de Judée entre 41 et 44 après Jésus Christ.
- **l'Église :** l'Église, c'est la famille de tous les chrétiens. Ce mot vient du grec « ecclesia » qui veut dire assemblée.

Et voici que survint **l'ange du Seigneur,**
et une lumière brilla dans la cellule.
Il réveilla Pierre en le frappant au côté et dit :
« Lève-toi vite. » Les chaînes lui tombèrent des mains.
Alors l'ange lui dit : « Mets ta ceinture et chausse
tes sandales. » Ce que fit Pierre.
L'ange ajouta : « Enveloppe-toi de ton manteau
et suis-moi. » Pierre sortit derrière lui,
mais il ne savait pas que tout ce qui arrivait
grâce à l'ange était bien réel; il pensait qu'il avait
une vision. Passant devant un premier poste de garde,
puis devant un second, ils arrivèrent au portail de fer
donnant sur la ville. Celui-ci s'ouvrit tout seul devant eux.
Une fois dehors, ils s'engagèrent dans une rue,
et aussitôt l'ange le quitta. Alors, se reprenant,
Pierre dit : « Vraiment, je me rends compte maintenant
que le Seigneur a envoyé son ange,
et qu'il m'a arraché aux mains d'Hérode
et à tout ce qu'attendait le peuple juif. »

• **l'ange du Seigneur :** dans la Bible, l'expression
« l'ange du Seigneur » désigne souvent Dieu lui-même
qui annonce une nouvelle.

Psaume 33

De toutes mes frayeurs, le Seigneur me délivre.

Je bénirai le Seigneur en tout temps,
sa louange sans cesse à mes lèvres.
Je me glorifierai dans le Seigneur :
que les pauvres m'entendent et soient en fête !

Magnifiez avec moi le Seigneur,
exaltons tous ensemble son nom.
Je cherche le Seigneur, il me répond :
de toutes mes frayeurs, il me délivre.

Qui regarde vers lui resplendira,
sans ombre ni trouble au visage.
Un pauvre crie ; le Seigneur entend :
il le sauve de toutes ses angoisses.

L'ange du Seigneur campe alentour,
pour libérer ceux qui le craignent.
Goûtez et voyez : le Seigneur est bon !
Heureux qui trouve en lui son refuge !

Illustration : Nathalie Desforges.

Deuxième lecture

Paul ressemble à un athlète. Il a parcouru le monde sans se lasser pour faire connaître Jésus. À nous de prendre le relais.

Lecture de la deuxième lettre de saint Paul apôtre à Timothée

Chapitre 4, versets 6 à 8 et 17 à 18

Bien-aimé, je suis déjà **offert en sacrifice,** le moment de mon départ est venu. J'ai mené le bon combat, j'ai achevé ma course, j'ai gardé la foi. Je n'ai plus qu'à recevoir la couronne de la justice : le Seigneur, le juste juge, me la remettra en ce jour-là, et non seulement à moi, mais aussi à tous ceux qui auront désiré avec amour sa Manifestation glorieuse. Tous m'ont abandonné.
Le Seigneur, lui, m'a assisté. Il m'a rempli de force pour que, par moi, la proclamation de **l'Évangile** s'accomplisse jusqu'au bout et que toutes **les nations** l'entendent.
J'ai été arraché à la gueule du lion; le Seigneur m'arrachera encore à tout ce qu'on fait pour me nuire. Il me sauvera et me fera entrer dans son Royaume céleste.
À lui la gloire pour les siècles des siècles. Amen.

- **offert en sacrifice :** un sacrifice, c'est lorsqu'on offre quelque chose à Dieu. Ici, Paul dit qu'il a fait cadeau de toute sa vie à Dieu.
- **l'Évangile :** en grec, ce mot veut dire « bonne nouvelle ».
- **les nations :** les Juifs employaient le mot « nations » pour parler des peuples qui n'étaient pas de la même religion qu'eux.

Évangile

Pierre a été, après Marie, le premier chrétien à comprendre qui est Jésus. Alors Jésus lui a confié la mission de veiller sur son Église.

Évangile de Jésus Christ selon saint Matthieu

Chapitre 16, versets 13 à 19

En ce temps-là, Jésus, arrivé dans la région de Césarée-de-Philippe, demandait à ses disciples : « Au dire des gens, qui est le Fils de l'homme ? » Ils répondirent : « Pour les uns, Jean le Baptiste; pour d'autres, Élie; pour d'autres encore, Jérémie ou l'un des prophètes. » Jésus leur demanda : « Et vous, que dites-vous ? Pour vous, qui suis-je ? » Alors Simon-Pierre prit la parole et dit : « Tu es le Christ, le Fils du Dieu vivant ! » Prenant la parole à son tour, Jésus lui dit : « Heureux es-tu, Simon fils de Yonas : ce n'est pas la chair et le sang qui t'ont révélé cela, mais mon Père qui est aux cieux. Et moi, je te le déclare : Tu es Pierre, et sur cette pierre je bâtirai mon Église; et la puissance de la Mort ne l'emportera pas sur elle. Je te donnerai les clés du royaume des Cieux : tout ce que tu auras lié sur la terre sera lié dans les cieux, et tout ce que tu auras délié sur la terre sera délié dans les cieux. »

Illustration : Marcelino Truong.

Ton atelier de l'Évangile

1 Dans l'évangile du jour, les gens s'interrogent : qui est Jésus ? Que répondent les gens à cette question ?

Barre les mauvaises réponses.

Tintin Pierre La reine des neiges Squeezie

Un youtubeur Jérémie Spirou Élie

Mickey Tony Parker Un prophète Jean le Baptiste

Réponses : Jean le Baptiste, Élie, Jérémie, un prophète.

2 Que répond Pierre ?

Pour le découvrir, barre les mots dans la grille. Avec les lettres restantes, trouve la réponse de Pierre.

CIEL	LIÉ	VIVANT
CLÉS	TERRE	PAROLE
ROYAUME	MORT	PÈRE

R	O	Y	A	U	M	E
V	I	V	A	N	T	P
C	C	L	E	S	C	A
M	O	R	T	H	I	R
P	E	R	E	R	E	O
I	S	L	I	E	L	L
T	E	R	R	E	T	E

→ Pierre dit : « Tu es le.., le Fils du Dieu vivant ! »

Réponse : Christ.

3 « Pour vous, qui suis-je ? » demande Jésus à Pierre.
Que répondrais-tu à cette question ?
Comment décrirais-tu Jésus ?

Écris ta réponse en quelques mots.

→ ....

....

....

4 Jésus compte sur ses disciples pour annoncer à tous qu'il est le Christ !

Dessine ici une sortie de messe, avec tous les paroissiens heureux d'annoncer que Jésus est vivant et qu'il nous aime !

Autrement dit

Aujourd'hui, nous célébrons deux grands saints : Pierre et Paul. Ils sont parmi les premiers à avoir fait connaître la Bonne Nouvelle de Jésus. Pierre a connu Jésus, il a vécu avec lui. Paul, lui, n'a pas connu Jésus, il s'est converti. Tous les deux ont annoncé l'Évangile avec leurs talents et leurs faiblesses, car Dieu nous appelle tels que nous sommes. Et toi quels sont tes talents pour partir en mission ?

Texte : Sophie Pelloux-Prayer. Illustration : Marcelino Truong. Photo : Adobestock.

Les personnages de la Bible

Pierre et Paul,
piliers de l'Église

Saint Pierre et saint Paul sont célébrés ensemble le 29 juin. Tous les deux ont joué un rôle important dans la transmission de la Bonne Nouvelle. Ils meurent martyrs à Rome à cause de leur foi. Ils sont considérés comme les bâtisseurs de l'Église.

Simon-Pierre, le chef des Apôtres

Simon vit à Capharnaüm, en Galilée, une région au nord d'Israël. Il est pêcheur sur le lac de Tibériade. C'est là que Jésus vient à sa rencontre et lui dit : « Suis-moi ! » Jésus lui donne un nouveau nom, Pierre : « Tu es Pierre et sur cette pierre je bâtirai mon Église. » Par ces mots, Jésus confie à Pierre l'Église naissante. Il est le premier pape.

Paul, l'Apôtre missionnaire

Paul est un Juif fervent. Il vient de la ville de Tarse, en Asie mineure. Il persécute les disciples de Jésus. Alors qu'il se rend à Damas, Jésus se révèle à Paul. Paul se convertit : il croit à la Bonne Nouvelle de Jésus. Il voyage autour de la Méditerranée et prêche l'Évangile. Il fonde des communautés en Grèce, en Turquie, à Rome... Paul leur envoie des lettres, que nous écoutons encore à la messe.

Comment les reconnaître ?

UN ROULEAU

Pierre et Paul ont chacun écrit des lettres. On peut les lire dans le Nouveau Testament.

LES CLEFS

Pierre est souvent représenté avec des clefs à la main. Jésus lui a promis : « Je te donnerai les clefs du royaume des Cieux. »

L'ÉPÉE

On représente souvent Paul avec une épée à la main. C'est le signe de sa mort, car il a été décapité.

Texte : Amata Mbani. Illustrations : Delphine Renon.

Un enfant abonné, c'est une année de caté émerveillée !

OFFRE EXCEPTIONNELLE

-24 %

☐ **Oui** j'abonne un enfant à *Prions en Église Junior*
1 an (6 n^{os}) : 32 € au lieu de ~~42 €~~* (PRJ)
soit près de 24 % de remise.

PAR COURRIER : renvoyez ce bulletin accompagné de votre chèque payable en France libellé à l'ordre de « Bayard » à : **Bayard - TSA 80015 - 93539 Aubervilliers CEDEX - France**

PAR INTERNET sur **www.librairie-bayard.com/junior** ou en scannant ce QR code :

COORDONNÉES DU PAYEUR — Merci d'écrire en lettres CAPITALES — ☐ Mme ☐ M. — Code offre : A177478

Prénom ______ Nom ______

Complément d'adresse (résid./esc./bât.) ______

N° et voie (rue/av./bd…) ______

Indiquez précisément le numéro de voie et le libellé de voie pour une meilleure garantie de l'acheminement de votre abonnement

Code postal ______ Ville ______ Pays ______

Tél. ______ E-mail ______ @ ______

☐ J'accepte de recevoir les informations de Bayard par SMS

Afin que nous puissions, conformément à la loi, vous adresser votre récapitulatif de commande et correspondre avec vous par courriel

COORDONNÉES DE L'ENFANT — Merci d'écrire en lettres CAPITALES — Sexe ☐ Féminin ☐ Masculin

Prénom ______ Nom ______

Complément d'adresse (résid./esc./bât.) ______

N° et voie (rue/av./bd…) ______

Indiquez précisément le numéro de voie et le libellé de voie pour une meilleure garantie de l'acheminement de votre abonnement

Code postal ______ Ville ______ Pays ______

Date de naissance J J M M A A A A pour recevoir des offres exclusives pour son anniversaire

▸ **En vente également en librairie religieuse et par lots avec tarifs dégressifs en vous rapprochant de votre paroisse ou école.**

Abonnements à l'international : UE DOM TOM et autres pays : (+33) 1 74 31 15 06 • SUISSE : (022) 860 84 02
BELGIQUE : Tél. : 02 808.09.85 (appel gratuit) • LUXEMBOURG : 0 032 2 808.09.85.

Offre valable jusqu'au 30/06/2025 pour tout 1er abonnement. *Prix de vente au numéro. Visuels non contractuels. Bayard s'engage à la réception du 1er numéro dans un délai de 4 semaines au maximum après enregistrement du règlement. Vous disposez d'un délai de 14 jours à compter de la réception du 1er numéro de votre magazine pour exercer votre droit de rétractation en notifiant clairement votre décision à notre service client. Vous pouvez également utiliser le modèle de formulaire de rétractation accessible dans nos CGV. Nous vous rembourserons dans les conditions prévues dans nos CGV sur : https://librairie-bayard.com/cgv. Ces informations sont destinées au groupe Bayard, auquel *Prions en Église Junior* appartient. Elles sont enregistrées dans notre fichier à des fins de traitement de votre abonnement. Conformément à la loi « Informatique et Libertés » du 06/01/1978 modifiée et au RGPD du 27/04/2016, elles peuvent donner lieu à l'exercice du droit d'accès, de rectification, d'effacement, d'opposition, à la portabilité des données et à la limitation des traitements ainsi qu'à connaître le sort des données après la mort. Votre adresse mail sera utilisée pour vous envoyer les newsletters que vous avez demandées ou dont vous bénéficiez en tant que client. Vos coordonnées postales et téléphoniques pourront être utilisées à des fins de prospection commerciale par Bayard. Votre nom associé à vos coordonnées postales et téléphoniques sont susceptibles d'être transmises à nos partenaires éditeurs, associations, (VPC…). Vous pouvez vous opposer à la prospection commerciale en vous connectant à https:// www.groupebayard.com/fr/contact ou en envoyant votre demande à Bayard (CNIL), TSA 10065, 59714 Lille CEDEX 9. Pour plus d'informations, nous vous renvoyons aux dispositions de notre Politique de confidentialité sur le site groupebayard.com. Nous vous informons de l'existence de la liste d'opposition au démarchage téléphonique « Bloctel » sur laquelle vous pouvez vous inscrire ici : https://www.bloctel.gouv.fr

Illustrations anges © Robin

CARLO ACUTIS
le cyber-apôtre

Carlo Acutis est né dans une famille italienne catholique mais peu pratiquante. Il témoigne précocement d'un amour profond pour l'eucharistie. Emporté en 2006 par une leucémie foudroyante, à 15 ans, Carlo Acutis a été canonisé en avril 2025. Découvre son histoire.

3 mai 1991. Londres, en Angleterre.
Bienvenue, Carlo ! Oh, tu as vu ses petites mains, Andrea ?
Ouiiiiiin !
Oui, Antonia, notre fils est magnifique.
Peu après la naissance de Carlo, ses parents déménagent à Milan.
Londres va me manquer.
Moi aussi, Andrea. Mais je suis heureuse de retourner en Italie.
Bonjour Maman ! Bonjour Papa !
Bonjour ma chérie ! Le petit a fait bon voyage ?
Bienvenue dans notre beau pays, Carlo !
Voilà notre nouvelle maison !
C'est immense !
Nous n'y serons pas seuls. Il y a Rajesh qui nous aide à la maison, et Beata, la jeune fille au pair.
Carlo a une enfance heureuse en Italie.
Ha ! Ha ! Attrape-moi, Rajesh !
Je suis sûr que tu m'as laissé gagner, Rajesh !
Pas du tout...
Vous n'auriez pas une p'tite pièce pour manger ?

Rajesh, qui était ce monsieur ?
Un homme trop pauvre pour avoir une maison et s'acheter à manger.
Je voudrais bien l'aider.
On verra ça plus tard. Il est temps de rentrer.
Lève les bras, Carlo.
Dis, Beata, tu me racontes une histoire de Jésus ?
Encore ? Eh bien... Jésus aussi se lavait. Il lavait même les pieds de ses amis.
Ça va, Rajesh ? Carlo ne vous embête pas trop ?
Oh non ! Il est adorable. Il n'arrête pas de me poser des questions.
Ah ?
Il veut connaître Jésus et Marie, mais je ne suis pas chrétien. Je ne sais pas quoi lui répondre...
Moi non plus ! Notre famille est catholique, mais nous ne sommes pas pratiquants. Nous n'allons à la messe qu'à Noël. Je vais essayer de trouver quelqu'un.

Antonia va voir l'évêque de Milan.
Carlo est très curieux de Jésus. il aimerait en apprendre plus sur lui.
Eh bien, Carlo, tu pourrais commencer par venir à la messe et au catéchisme.
Ça te plairait ?
Oh oui !
Un dimanche, après la messe.
Père, Carlo insiste pour communier. Est-ce qu'il n'est pas trop jeune ? Il n'a que 7 ans.
C'est vrai que c'est un peu tôt. Pensez-vous qu'il soit assez mûr ?
Oui. C'est un enfant épanoui. Il a des copains, il aime le foot, les dessins animés... Et il veut être proche de Dieu.
Je lui parlerai. Nous verrons bien après cela s'il peut communier maintenant... ou s'il faut attendre un peu.
Et le 16 juin 1998...
Reçois le corps du Christ, Carlo...
Amen.

Alors, Carlo, tu es heureux ?
C'est le plus beau jour de ma vie. À partir de maintenant, j'irai tous les jours à la messe.
Tous les jours ? !
Oui, Nonna ! Jésus est mon ami. Je ne vais pas le laisser de côté !
Carlo tient parole. Il se rend tous les jours à la messe.
Carlo, tu viens chez moi ? J'ai eu un super jeu !
Plus tard. Là, je vais à l'église !
Salut, Carlo. Tu vas à la messe, je parie.
Gagné ! Tiens, je t'ai acheté un goûter avec mes sous.
Merci, gamin !
À bientôt, Bruno !
Tu as mis une part de côté pour...
Bruno ? Antonio ? Pietro ? Roberto ? Ne t'inquiète pas, il y en aura pour tout le monde.
Carlo est vraiment étonnant. Il donne envie de croire en Dieu...
Grande nouvelle ! Regardez ce que j'ai acheté !

Waouh ! Une caméra ! En plus, c'est le dernier modèle !
Trop cool ! Merci Papa !
Et c'est ce qu'on fait de mieux ! Après dîner, tu pourras l'essayer.
Salut les amis, cette vidéo est pour vous !
On dirait qu'il sait s'y prendre...
Ce garçon a un don pour la technologie.
Un après-midi...
Carlo, viens voir cinq minutes. J'aimerais te présenter quelqu'un.
Alors, Carlo, il paraît que tu es un vrai génie de l'informatique !
Mon père vit seul. Il aimerait envoyer des mails, mais il ne sait pas faire. Accepterais-tu d'être son professeur ?

Quelques jours plus tard...
Bonjour, monsieur. Je m'appelle Carlo et...
Bonjour, Carlo. Ma fille m'a dit que tu passerais. Entre, je t'en prie.
Tu es de la famille Acutis, n'est-ce pas ?
Oui, monsieur. Je suis le fils d'Andrea et Antonia.
Je connais bien tes grands-parents. Ils m'ont dit que tu passais beaucoup de temps à l'église...
C'est vrai. J'y vais tous les jours.
Tes copains de classe viennent avec toi ?
Non, ils n'ont pas vraiment envie. Alors, je vous montre comment envoyer un mail ?
C'est vrai que mes amis ne s'intéressent pas à Jésus. J'aimerais tellement qu'ils comprennent à quel point Dieu est présent...
Mais la messe les ennuie et dès qu'on parle de religion, ils n'écoutent plus. Il faudrait que je trouve un moyen pour éveiller leur curiosité.
J'ai une idée !

Carlo ! À table !
Rajesh, savez-vous ce que fait Carlo ? Cela fait dix fois que je l'appelle !
Il est dans sa chambre, scotché à l'ordinateur.
Encore ?! Je vais le chercher.
Toc, toc, toc
Tu viens, Carlo ?
J'arrive ! Je finis juste un truc...
Que fais-tu ? Tu passes des heures devant l'ordinateur.
Je prépare une exposition virtuelle.
Dans plusieurs pays du monde, des miracles eucharistiques ont eu lieu.
Des quoi ?
Des miracles eucharistiques : c'est quand l'hostie et le vin prennent l'apparence de chair et de sang. C'est un signe que Jésus est vraiment là, parmi nous.
D'accord...
Si j'arrive à parler de ces miracles aux jeunes de mon âge, ils s'intéresseront peut-être plus à Jésus !
Ah... Et tu as besoin d'aide ?

Pendant deux ans, Carlo répertorie des dizaines de miracles eucharistiques à travers le monde.
Sur ce site, tu peux voir des images intéressantes.
Regarde, j'ai trouvé cet article sur un miracle au Brésil.
Tu travailles trop, Carlo. Ce n'est pas à toi de faire tout ça. C'est ton curé qui devrait s'en charger.
Mais il ne sait pas faire...
Toujours occupé à ton site internet, gamin ?
Oui, j'ai pas mal de boulot, mais j'adore.
Et tu trouves encore le temps de parler avec ton vieux copain des rues ?
J'ai même eu le temps de t'acheter un duvet !
Ça, c'est gentil ! Merci ! Et comment va Rajesh ?
Figure-toi qu'il demande le baptême. C'est génial, non ?
En 2006...
Mon exposition est presque prête ! Je vais pouvoir parler de Jésus aux internautes !

*C'est-à-dire déclaré « saint ».

Texte : Sophie Pelloux-Prayer. Illustration : Carole Xénard.

Et après ?

Le plus jeune saint de l'Église

Le corps de Carlo Acutis est exposé à Assise, la ville de saint François, en Italie. Carlo a été canonisé le 27 avril dernier. Cet événement a eu lieu pendant le jubilé des adolescents (tu peux lire la définition d'un jubilé en page 3).

AdobeStock

GettyImages

Une vie unie à Jésus

La vie de Carlo est un modèle pour les enfants et les adolescents : il disait que la communion est « une autoroute vers le ciel ». Communier nourrissait sa vie quotidienne. Il exprimait son amour pour Jésus par des gestes simples envers les autres : un sourire, une parole chaleureuse ou de l'aide en leur donnant ce dont ils avaient besoin, acheté avec son argent de poche.

Le cyber-apôtre

Le site internet et l'exposition créés par Carlo Acutis existent toujours. L'exposition circule dans le monde entier. Et peut-être bientôt près de chez toi ? Renseigne-toi auprès de ton catéchiste ou du curé de ta paroisse.

***Tu peux retrouver d'autres chercheurs de Dieu dans le magazine* Astrapi Soleil.**

Prions en Église Junior est édité par Bayard, société anonyme à directoire et conseil de surveillance au capital de 16 500 000 €. Actionnaires : Augustins de l'Assomption (93,7 % du capital), S.A. Saint-Loup, association Notre-Dame de Salut. Loi n° 49-956 du 16/07/1949 sur les publications destinées à la jeunesse, modifiée par la loi n° 2011-525 du 17/06/2011. Directoire : François Morinière (président et directeur de la publication), Dominique Greiner (directeur général). **Président du conseil de surveillance** : Hubert Chicou. CPPAP : 1224 K 85644. ISSN : 1769-4981. Dépôt légal à parution. Impression : Walstead Kraków Sp. z o.o., Pologne. **Directrice déléguée** : Emmanuelle Delapierre. **Rédactrice en chef** : Karem Bustica. **Rédacteur en chef adjoint** : Frédéric Pascal. **Directrice artistique et rédactrice en chef adjointe visuel** : Pomme Mignon. **Secrétaire général de rédaction** : Nicolas Crouzier. **1re secrétaire de rédaction** : Cécile Toussaint. **Rédacteurs graphistes** : Béatrice Basteau, Jérôme Froger, Héloïse Romain. **Rédactrice photo** : Ania Biszewska. **Rédactrices** : Anne-Quitterie Jozeau, Geneviève Pasquier, Marie-Christine Vidal. **A participé** : Christel Pigeon. **Assistante de la rédaction** : Armelle Gabriel. **Fabrication** : Grégory Cervantes. **Marketing éditeur et développement** : Amandine Boivin. **Contrôle de gestion** : Marie-Albane de Vallée. **Textes liturgiques** : AELF. Reproduction interdite sans autorisation. **Demandes de reprises** : droits.presse@groupebayard.com
Service client (basé en France) : pour vous abonner et gérer votre abonnement en ligne, https://librairie-bayard.com. Tél. : (00 33) 01 74 31 15 01. Bayard - TSA 60007, 59714 Lille Cedex 9. **Belgique et Luxembourg** : Tél. : 0800/250.38 (de Belgique. Gratuit) Tél. : 08002/9195 (du Luxembourg). **Canada Bayard Jeunesse.** Éditrice responsable pour le Canada : Guylène Dumais, Directrice générale, Bayard Canada – 4475 rue Frontenac - Montréal (Québec) H2H2S2 – Canada. Abonnements : Bayard Canada - C. P./P.O. BOX 11050, SUCC. Centre-ville STN, Montréal (Québec) H3C 4Y6 Canada. Tél. : 00 1 514 278 3025 (SAC français) et 00 1 514 523 6222 (SAC anglais) (de France) ou 1 800 668 2547 (SAC français) et 1 800 387-7164 (SAC anglais). Fax : 00 1 514 278 3030 (de France). Web : www.novalis.ca **Suisse** : Asendia Press Edigroup SA, chemin du Château-Bloch 10, 1219 Le Lignon, Suisse. Tél. : 00 41 22 860 84 02. Mail : abobayard@edigroup.ch

***Prions en Église Junior* est sensible à la question de l'égalité entre les filles et les garçons. Cependant, pour simplifier la lisibilité et l'assimilation des textes à l'âge de la consolidation de la lecture, la rédaction a fait le choix de conserver la convention linguistique de l'usage du masculin comme forme neutre dans ses adresses au lecteur.**
Illustration de couverture : Nicolas Francescon. Illustrations Minizanges : Robin.

FR

PEFC
PEFC/32-32-082
Certifié PEFC
Ce produit est issu de forêts gérées durablement et de sources contrôlées
www.pefc-france.org

Origine du papier : Finlande. Taux de fibres recyclées : 0 %. Origine des fibres : papier issu de forêts gérées durablement. Impact sur l'eau : Ptot 0.004 kg/T.

Ce numéro comporte sur la totalité de la diffusion : un poster broché.

COIN PRIÈRE

Seigneur, je te dis merci

**Il existe plusieurs formes de prière.
Aujourd'hui, tu vas découvrir la prière d'action de grâce.**

DANS MA VIE

La prière d'action de grâce est une prière de merci à Dieu pour tout ce qu'il fait pour nous. Souvent, nous lui demandons de nous aider mais nous oublions de lui dire merci.
Tu peux lui dire merci pour tes joies, tes découvertes, ta famille, tes amis et tous tes petits bonheurs.

À LA MESSE

La prière eucharistique est une grande prière d'action de grâce. Dans cette prière, nous rendons grâce à Dieu et nous le remercions de nous avoir envoyé son Fils, Jésus Christ.
(Va voir « Ton grand atelier de la communion », au centre de ce numéro.)

JE DIS MA PRIÈRE D'ACTION DE GRÂCE

1

Je fais silence et je fais un signe de croix.

2

Je lis à haute voix ce que j'ai écrit sur les soleils.

3

Après un temps de silence, je prie avec la parole de Dieu :

*« Acclamez le Seigneur,
toute la terre entière,
venez à lui avec allégresse.*

*Venez dans sa maison
en rendant grâce,
entrez en chantant ses louanges.*

Célébrez-le et bénissez son nom ! »

D'après le psaume 99.

4

Je termine par un Notre Père et je fais un signe de croix.

Illustrations : Nicolas Francescon, Didier Balicevic. Photo : AdobeStock.

TROIS SOLEILS POUR DIRE MERCI

L'année scolaire s'achève. Remercie le Seigneur pour tes découvertes et tes apprentissages. Tu peux écrire derrière ces soleils. Découpe-les et pose-les dans ton coin prière.

À DÉCOUPER

Merci Seigneur
pour toutes mes rencontres.

Merci Seigneur
pour mes découvertes.

Merci Seigneur
pour mes petits bonheurs.